商务与礼仪

言行得体并能正确处理各种商务事宜

金 源◎著

江西人民出版社
Jiangxi People's Publishing House
全国百佳出版社

图书在版编目（CIP）数据

商务与礼仪 / 金源著. -- 南昌 : 江西人民出版社,
2018.2

ISBN 978-7-210-09985-7

Ⅰ. ①商… Ⅱ. ①金… Ⅲ. ①商务－礼仪 Ⅳ.
①F718

中国版本图书馆CIP数据核字(2017)第303362号

商务与礼仪

金源 / 著

责任编辑 / 辛康南

出版发行 / 江西人民出版社

印刷 / 天津嘉杰印务有限公司

版次 / 2018年2月第1版

2018年2月第1次印刷

880毫米×1280毫米　1/32　7印张

字数 / 140千字

ISBN 978-7-210-09985-7

定价 / 26.80元

赣版权登字-01-2017-968

如有质量问题，请寄回印厂调换。联系电话：010-64926437

礼，生意成败的软实力

孔子云："不学礼，无以立。"（《论语·季氏篇第十六》）自古及今，人们推崇礼仪、崇尚礼仪。一个人是否知礼、懂礼，决定其将来是否成功，同时商务礼仪是否到位也直接决定企业的成败。正所谓"成也礼仪，败也礼仪"。

人们常说：先交朋友后做生意。试想一下，一个不懂礼节的人谁会愿意与之交朋友？朋友都交不成，更别说做生意了。可以肯定地说，商务礼仪就是决定生意成败的软实力。礼是自信、是尊重，礼是细心、是合作，礼更是诚信。在这一点上，商界巨子李嘉诚为我们做出了典范。

万通控股董事长冯仑曾经讲述了第一次被李嘉诚接见的经过。作为商界巨子的李嘉诚，时时处处都让人感受到"很舒服"。事情的经过是这样的：

据冯仑所言，当时长江CEO班共有30多名同学，其中包括马云、郭广昌、牛根生等知名人士。有一次，班上组织大家去香港面见商界翘楚李嘉诚。在没见到李嘉诚之前，冯仑在心里设想见到李嘉诚的可能出现的各种情景，认为在大人物面前自己这样的小人物很可能被忽视。比如，握手时一带而过，吃饭时走个过场，甚至他觉得自己未必有机会和老大哥说上一两句话。然而，当一行人见到李嘉诚的时候，却完全是另一番情景，与李嘉诚的见面完全颠覆了冯仑之前的想法。

当电梯门打开的一瞬间，人们看到70多岁的李嘉诚正站在长江顶楼迎接他们的到来，并且亲切地与每个人握手。一般情况下，当是众人先给李嘉诚发名片，然而此次接见，李嘉诚率先下发自己的名片，大家深感诧异。李嘉诚在发名片同时递过一只装着号码的盘子，意即让众人抓阄，在拿名片的同时抓个号。此举意在对大家公平以待，因为所抓的号码决定自己该坐在哪桌吃饭、照相站在什么位置。众人不得不为李嘉诚做法佩服不已。不愧是大人物，即便面对小人物，也安排得周到细致，让人内心很舒服。

当众人按照各自抽到的号码站好位置后，一致欢迎李嘉诚讲话。李嘉诚坦然说自己没有准备，就以简短的八个字作为自己的讲话内容："创造自我，追求无我"。他用普通话讲完，又用广东语讲了一遍，接着又由一名外国朋友用英文讲了一遍。简短有力，不拖泥带水，不矫揉造作。一方面创造自我，一方面让自己回归于平淡，这就是人生的智慧，也是李嘉诚为人处世的大智慧。

在与大家用餐的时候，李嘉诚事先安排在每张桌子上多备一双碗筷，目的是便于他在用餐时，与众人交流。在一个小时的时间里，李嘉诚在四张饭桌分别就餐，平均在每张饭桌上花费15分钟的时间。在场人士无不被李嘉诚的细致和周到而深深感动。

当用餐结束，李嘉诚又与在场的每个人逐一握手，包括站在墙角的服务员。整个过程让在场的每个人都感觉到自己被关注，心里很舒服。

这就是李嘉诚之所以成为商界翘楚的原因，这就是他的成功软实力——礼遇他人。李嘉诚以其独特的价值观不断地追求无我，兼顾每个人的感受，照顾到每个人。正因为他独特的人格魅力，礼遇每一位朋友，很多人都愿意和他做生意。

任何一位大人物起家之时都不是最有钱的人，李嘉诚如此，比尔·盖茨如此，马云如此，牛根生如此，很多人都是如此。那么，为什么很多有钱人都愿意与他们做生意？是源于他们无可替代的人格魅力。这就是大人物之所以成功的秘密：礼遇他人，才能礼遇成功。

为了更多读者掌握这个秘密，特编撰此书。书中涵盖：商务形象塑造、商务礼仪接待、商务谈判之道、商务出行礼节注意事项、商务庆典仪式等礼仪细节，等等。同时，针对每章的内容设有与商务活动密切相关的"情景模拟"，让读者朋友从理论到实践，对商务礼仪有个全方位的学习和掌握，帮你塑造一个良好的商务形象，提升商务口才，掌握应酬技巧，从而潇洒地应对商务应酬之局！

导语　别说礼仪与你无关

很多人可能认为，我又不是商界精英人士，没必要学习商务礼仪。持有这种观点的人，首先你就大错特错了。不要以为，礼仪与你无关。

现实表明，人人都可成为精英，但首先他得具备精英的素养。在中国，任何一项重要活动都充满浓浓的礼仪氛围。在商务人士和重要外宾入住的酒店，从你步入大堂开始，就充满了仪式感，处处彰显了作为礼仪之邦的大国风范。

随着国际化商务往来愈来愈频繁，得体的商务礼仪已经贯穿商务活动的方方面面。是的，你也许没必要掌握繁琐的英国皇家礼仪，但你要让自己首先是个知礼、懂礼之人。

王伟是一家商贸公司的销售总监，无论出现在哪种商务场合，他都能吸引众多的眼球。这不能不说与其得体的着装、优雅的谈吐、自信的举止、优秀的礼仪密切相关。但是数年前，王伟可不是这副模样。

当时，王伟就职于一家知名的美资公司，周围的同事都是西装革履，王伟却不以为然，依旧我行我素，甚至自以为很有个性。然而，当有一天举行重要的商务派对时，看到同事们谈笑风生，积累了潜在客户，事后签了一笔又一笔大单，王伟才意识到自己一身休闲，举着高脚杯，站在西装革履的人群中是那么的不入流。此后，每当有类似商务活动时，王伟都惟恐避之不及，觉得自己根本不适合出席那么高档、正式的社交场合，开始自卑起来。

面对业绩的不断下滑，这份难得的外企工作也岌岌可危。这时，王伟才开始彻底反思自己。最终，他找到了根源：自己不缺乏社交的能力，但是缺乏参加社交场合的礼仪。于是，他决定从头学习各种商务礼仪。一年后，无论从形象着装，还是到言行举止，王伟就像变了一个人，随之业绩也是一路飙升，他顺利地坐到了销售总监的位置。

不仅王伟，还有许多像曾经的王伟一样不注重礼仪的人。他们或认为礼仪就是形式，没有必要刻意学习；或认为礼仪与自己无关，浪费时间和精力；或认为到了特定场合，现学都赶趟儿。然而，真正到了场合上，自己却傻了眼，很多细节简直就是盲人摸象，找不到方向。

事实上，在工作中我们都有很多机会去参加各种商务活动。无论你是哪个级别的职员，也无论你在国企、私企还是外企工作，小到同事聚会，与客户共进晚餐，与上司一同赴宴，大到大型商务活动的午宴、晚宴及颁奖礼、茶话会、舞会，等等，你都可能有机会参加。但当有一天机会降临到你头上的时候，反而会令你心生紧张。这是为什么？

因为：你不知道穿什么衣服适合；你不知道怎么握手怎么打招呼；面对有身份、有地位的人你不知如何介绍自己；你甚至不知道该说什么不该说什么；你无法像别人一样侃侃而谈；别人谈笑风生时，你更无法加入别人的谈话；点餐时你不知点哪道菜合适，就餐时不知先从哪道菜吃起；当侍者端来带有玫瑰花瓣的水盅时，你不知道怎样使用……

再比如，在聚会活动中，你能否通过两个人的站姿来判断出对方是否希望你加入他们？当对方向你伸手握手时说"Hello, How do you do?"时，你应该如何回答？当在宴会中有人对你口若悬河、喋喋不休时，你该如何结束与他的谈话而不失礼？当你不得不离开时，如何给对方一个离开的理由而让对方欣然接受……

试想一下，当你遇到上述情形，如果你处理不当，那该有多尴尬。你必须认识到，一切今非昔比。身在职场，不懂礼仪是绝对说不过去的。即使不在重大的商务场合，日常工作中也都处处彰显礼仪的存在。比如参加面试、与同事共进午餐、与客户洽谈，等等。

规范得体的商业礼仪，虽然不是企业成败的关键，但绝对是决定企业是否长远发展的关键。一旦你的形象礼仪拿不出手，你就会错失很多机会。因此，适当地学习一些基本的商务礼仪非常重要，且非常必要。

精通礼仪将会让你整个人都越发自信，且在关键时刻自带光芒。

目 录
Contents

第一章　礼仪制胜：天下没有难做的生意

先有礼仪，后有工作和事业 / 003

礼仪之先是顾及他人颜面 / 005

礼仪生和气，和气好生财 / 008

优雅的气质是礼仪之本 / 011

愉悦的个性是礼仪之基 / 013

商务交往离不开眼神礼 / 016

商业应酬得宜于微笑礼 / 019

商务应酬中的行为禁忌 / 022

情景模拟：言行得体并尽量显出你的涵养 / 025

第二章　品质着装：从头打造你的商务范

良好形象是你第一名片 / 029

被忽略的七个形象细节 / 032

商务着装要与体型相配 / 034

商界女士着装三大要素 / 038

职场绅士着装四项注意 / 042

西装领带配饰的穿着细节 / 045

情景模拟：着装得体并尽量显出你的品位 / 050

第三章　商务接待："礼"定成败

商务往来之迎送礼 / 055

商务来访之接待礼 / 058

商务交流之会见礼 / 061

洽谈见面之介绍礼 / 063

锦上添花之手姿礼 / 067

儒雅绅士之站姿礼 / 069

稳重优雅之坐姿礼 / 071

亲切友好之握手礼 / 075

热情周到之迎宾礼 / 079

商道合一之饮茶礼 / 083

情景模拟：接待得体并尽量尽好地主之谊 / 086

第四章　会议谈判："礼"出商机

商务会议之座次礼 / 093

商务会议之谈判礼 / 095

商务谈判之迂回礼 / 097

商务谈判之仪表礼 / 100

成功谈判之让步礼 / 104

电话会议之必修礼 / 108

情景模拟：谈判得体并尽量显出你的实力 / 110

第五章　商务出访："礼"行天下

商务活动之应酬礼 / 115

商务邀约之请柬礼 / 119

商务邀约之电函礼 / 122

商务活动之拜访礼 / 127

商务出行之步态礼 / 131

商旅出行之酒店礼 / 132

商务交流之名片礼 / 135

国际商务之禁忌礼 / 137

情景模拟：就餐得体并尽量显出你的修养 / 141

第六章　销售公关："礼"遇成功

销售人员之举止礼 / 147

商务销售之应变礼 / 149

销售语言之沟通礼 / 151

销售语言之禁忌礼 / 155

销售语言之谈吐礼 / 159

商务舞会之预备礼 / 161

商务舞会之邀拒礼 / 165

情景模拟：拜访得体并尽量显出你的专业 / 170

第七章　仪式庆典："礼"出排场

开业庆典之准备礼 / 175

商务庆典之仪式礼　/　177

商务庆典之剪彩礼　/　183

商务庆典之交接礼　/　187

商界会展之预备礼　/　195

商界会展之参展礼　/　201

商界庆祝之答谢礼　/　205

情景模拟：签约有序并尽量显出仪式感　/　207

第一章

礼仪制胜：天下没有难做的生意

孔子云：“不学礼，无以立。”自古及今，人们推崇礼仪、崇尚礼仪。商务礼仪是商务应酬的表现形式，礼仪是否到位直接决定企业的成败，正所谓“成也礼仪，败也礼仪”。商务礼仪是决定生意成败的软实力。

先有礼仪，后有工作和事业

在商务应酬中，你的合作伙伴未必花费时间去调查你的人品，只是凭借与你交往的过程中你所展现给对方的言行举止、为人处世的态度来对你进行评判，进而对你所代表的企业做出评判。商务礼仪体现细节，细节体现企业的经营理念和文化内涵。

美国哈佛大学教授团曾于1924年在芝加哥某厂做了"如何提高生产率"的实验。他们发现，人际关系是提高生产率的关键所在，"人际关系"一词由此而生。

后来，人们进一步发现，事业成功、家庭幸福、生活快乐都与人际关系密切相关。影响人生成功的因素中，专业技能仅占15%，人际沟通能力占85%。

正因为如此，擅长社交者在社会上越来越受重视。许多公司在招聘高级管理者时，要考察他的人际关系，没有好的人脉，能力再强，也不能录用。如在人际关系方面有超群的能力，有非常好的人脉，其他条件都可放宽。

凡特立伯任纽约市银行总裁时，他雇用高级职员，首先考察的就是这个人是否具有令人称道的人脉。如果说社交是成功的主要因素，那么礼仪就是成功的必备因素。一个人的礼仪在一切事业里都很重要。

礼仪为何如此重要呢？其实不难理解：一个人可以不擅长社交，但不能不懂礼仪。人是社会中的人，生活、办事无时无刻不与人交往，很难想像一个不懂礼节的人会吸引别人与之交往。不懂礼仪之人也往往没有良好的人际关系，也不能获得别人的帮助与支持，甚至会处处遇到阻挠。反之，一个为人处世有礼有节的人，就算他相貌平平，也会得到别人的尊重。因为，无论何时人们更注重的还是内在的修养。

一般来讲，在商务活动中，应在不失礼仪的情况下遵循一些原则。

1.平等

在商务活动中，合作双方在人格上平等、互惠互利，因此要平等相待，不可盛气凌人。

2.诚信

"诚"是人际交往的根本，自古以来一向受到人们的崇尚。以诚待人，才会赢得别人的真诚相待；世故圆滑、尔虞我诈，永远不会有真诚的朋友。

不要轻易做出许诺，一旦做出了，就应认真履行。倘若言而无信，不仅令客户不悦，还可能造成生意的失败。

3.虚心

作为企业领导，要虚心听取客户的忠告，不要讳疾忌医。你也可以在充分尊重对方人格的前提下，提出自己的见解供其参考，不要遇事好为人师。

4.大度

商务人员与客户之间也难免会产生一些小误会，这种情况下要设身处地地多替对方考虑。即使错在对方，也不要不依不饶，应该大度地谅解对方，这样才能有持久的交往。

5.距离美

在商务活动中，双方要保持适度距离，不要过于亲近。人际关系本质上是人际心理关系，而每个人都需要保持一定的心理自卫距离。过于亲近会引起对方的不安全感，影响双方关系。

6.宽以待人

在商务场合，不可严以对人、宽以对己，这样有悖公平，只会导致对方反感。只有严于律己、宽以待人，方能赢得对方敬重。

7.自尊自爱

商务场合要自尊自爱，不要热衷于接受他人的馈赠。关系不错的客户诚心诚意地相互赠送一些小礼物，利于联络感情、增进友谊，是很正常的；可对于交往不深的客户的礼物，尤其是异性间的馈赠，最好谢绝，不可来者不拒，否则可能受制于人。

8.戒骄戒躁原则

商务交往要戒骄戒躁。即使你的身份地位发生了变化，高于对方，也不能摆出一副了不起的架势，对老客户尤其要注意。

礼仪之先是顾及他人颜面

中国人对自己的面子都是十分在意的。在商务活动中，保留别人的颜面，对自己有百利而无一害，因为对方会心存感激，因而会想方设法报答你。有些时候，给别人留面子，比给他钱财更有用。

上司问下属："交代你写的计划书写好没有？"下属心里可能想："糟糕，晚上忘了写了。"但是碍于面子问题，嘴上却说：

"写好了，只是早上急着要准时上班，忘带了。"上司明白，这是下属在找借口，如果说破的话，下属面子上过不去，以后可能处处都要与自己唱反调，所以只是淡淡地说："哦，那明天别忘了带过来。"

下属因说谎暂时保住了自己的颜面，下班后自然会赶快把它写好，放在公文包里，第二天一上班，就把它交上去。下属不但完成了工作，而且吸取了教训：这一次差点惹麻烦，幸亏平时信用还不错，勉强抵挡过去，下一次不可以再犯，以免被拆穿了，不但难堪还可能受罚。这样既可以保证计划书尽早完成，又不会伤了彼此的和气，何乐而不为？

要讲商务礼仪，首先就是要懂得时刻顾及别人的面子。倘若你自恃自己的面子大，不把别人放在眼里，碰上死要面子的人，就可能不吃你那一套，甚至可能撕下脸皮和你对着干，这样常常会把彼此的关系弄僵。

懂面子，你还得去要面子，假若你请客户吃饭，而客户不太领情，这时，你便不能割袍断交，你要学会去要面子，你要说看在多年交往的分上，给我一个面子。只要他给了你面子，他吃了饭，那么，他的人情算欠下了，即使饭是客户给你面子才吃的。送礼也一样，让客户给个面子收下，这个面子你得去要。

另外一点是给面子要给得恰当，不恰当就是不给面子。如果被请之人面子大，而又未受到应有的待遇，则成了极伤面子的事情。

人是做成一切事情最重要的因素。没有人就无所谓成事，没有合格的、高素质的人，同样做不出成功的事。一个优秀的商业人士必须具备优秀的素质和饱满的热情，另外他还必须具备相关的技巧。要想成为一名优秀的生意人，就必须使自己能够担当起多重身份和角色，具备多项工作能力。能够因人而宜、因地制宜，随机应变，巧妙地促成交易。

商务人士要与各色人物打交道，因此，要对各种人的思想、感觉和行为表现保持敏锐的洞察力，这点在推销的过程中是非常关键的。比如，你在向客户介绍企业的最新产品，客户也非常感兴趣聆听你的介绍。但当你提及价格时，客户便不作声或面露难为之色。这时，你就需要及时地顾及客户的颜面，巧妙地将话题引到客户能接受的产品上。

一位销售高手在谈到自己的成功诀窍时说："我为顾客解忧，顾客为我解难。"推销员要帮助顾客解决他所面临的问题。一位推销员应首先明确顾客的需求是什么，并找出最合适的解决方案，从而解决顾客的困难。

哲学家：俗话说"人上一百，形形色色"，事实上，客户也是形形色色的。遇到喜欢争辩或脾气不好的客户，优秀的生意人就必须像哲学家一样，表现出无比的耐性与修养，而不为之动气，宁争千秋，不争一时。

一个优秀的生意人必须言之有物，态度中恳。换句话说，诚恳的时候应该很诚恳，慷慨激昂的时候应慷慨激昂，失望的时候又应表现得很失望，所以，说话的态度和说话的内容对生意人来说是同等重要的，主动掌握商谈的内容，如果被客户牵着鼻子走而不能主动控制商谈的主题，那么交谈的结果就令人十分担忧了。

做生意的根本目的其实就是考虑如何把产品推销出去，更重要的是他必须真正关心别人的利益。"不为别人的利益着想，就不会有自己生意的兴隆。"只有像朋友一样真正地关心对方，而赢得友谊的回报，这样他才能做长久的生意，才能够在交易之外获得更多精神上的满足。

永远不要说这样的话："看着吧！你会知道谁是谁非的。"这等于说："我会使你改变看法，我比你更聪明。"——这实际上是一种挑战，在你还没有开始证明别人的错误之前，他已经准备迎战了。为什么要给自己增加困难呢？

商务人员在应酬中千万不要把自己放在客户的对立面，不要让客户和自己都下不了台。只有时刻顾及客户的面子，才能更好地相处，才能达成合作促进成功。

礼仪生和气，和气好生财

在商海中，如果你不想孤立，就要学会如何与人相处。尽管世界广大人心复杂，你依然要坚守自己的底线，以礼待人。不求人人都喜欢你，但至少让别人觉得你谦和有礼。

一个知礼懂礼之人，必是受人尊敬之人。这样的人多有一颗为人着想的心。实际上，为别人着想就是为自己铺路。

在激烈的商业竞争中难免会遇到各种不同的人，往往因为各自利益等难免发生口舌之争或意见相左的局面。然而聪明的人总是以和为贵，总能巧妙地化解分歧，避免争论，从而赢得别人的好感。

著名的心理学家卡尔·罗吉斯在他的《如何做人》一书中写道：

当我尝试去了解别人的时候，我发现这真是太有价值了。我这样说，你或许会觉得奇怪。我们真的有必要这样做吗？我认为这是必要的。在我们听别人说话的时候，大部分的反应是评估或判断，而不是试着了解这些话。在别人述说某种感觉、态度和信念的时候，我们几乎立刻倾向于判定"说得不错"或"真是好笑""这不正常吗""这不合情理""这不正确""这不太好"等。我们很少让自己确实地去了解这些话对其他人具有什么样的意义。

这就是善于以自我为中心的人过分地相信自我的标准。因而在日常的人际交往中，我们遭遇太多的争论，造成太多心与心的嫌隙。在那些自以为是的争论中，我们竭尽全力地维护那些并不全面、并不成熟的观点。对那些无关紧要的问题不足称道的异己意见，我们给予太隆重的对待。一场狂风暴雨般的唇枪舌剑过后，我们得到的仅是"心乱"，失去的却是"亲密无间"，或许，我们还得到些什么？在过后的日子里，我们发现那是嫌隙与隔膜。感谢上帝，我们因此又多了一个"敌人"。在以后的日子里，我们有更多的机会锻炼我们那"锐不可当"的口才。

卡耐基曾说：你赢不了争论。要是输了，当然你就输了；如果赢了，还是输了。在争论中，并不产生胜者，所有不愿与人对立的人在争论中都只能充当失败者，无论他（她）愿意与否。因为，十之八九，争论的结果都只会使双方比以前更相信自己绝对正确，或者，即使你感到自己的错误，却也绝不会在对手面前俯首认输。在这里，心服与口服没法达到应有的统一，人的固执性，将双方越拉越远，一场毫无必要的争论造成了双方可怕的对立。所以，天底下只有一种能在争论中获胜的方式，就是避免争论。

事实上，我们已深深领教了"死要面子"的苦果，所以，此时，我们不再面临任何的障碍，我们有足够的勇气和力量，用来迅速而热诚地承认自己的错误，这比起为自己争辩有效和有趣得多。避免争论，我们赢得了好感。

此外，在做人办事时，应和和气气，有损人面子的事情一定不要做，有损别人面子的话则一定不要说，这样，当请别人给你办事时，别人才不至于拒绝。不给人面子带来的后果有时是很严重的。

小说《三国演义》名将关羽，过五关、斩六将，温酒斩华雄，匹马斩颜良，偏师擒于禁，擂鼓三通斩蔡阳，"百万军中取上将之首，如探囊取物耳"。然而，这位叱咤风云、威震三军的一世之雄，下场却很悲惨，居然被吕蒙一个奇袭，兵败地失，被人割了脑袋。

关羽兵败被斩的最根本原因是蜀吴联盟破裂，吴主兴兵奇袭荆州。吴蜀联盟的破裂，原因很复杂，但与关羽其人的骄傲有着密切的关系。

诸葛亮离开荆州之前，曾反复叮嘱关羽，要东联孙吴，北拒曹操。但关羽对这一战略方针的重要性认识不足。他瞧不起东吴，也瞧不起孙权，致使吴蜀关系紧张起来。关羽驻守荆州期间，孙权派诸葛瑾到他那里，替孙权的儿子向关羽的女儿求婚："求结两家之好"，"并力破曹"，这本来是件好事。以婚姻关系维系补充政治联盟，历史上多有先例。如果放下高傲的架子，认真考虑一番，利用这一良机，进一步巩固蜀吴的联盟，将是很有益处的。但是，关羽竟然狂傲地说："吾虎女安肯嫁犬子乎？"

不嫁就不嫁嘛，又何如此出口伤人？试想这话传到孙权那里，孙权如何吃得消？又怎能不使双方关系破裂？

关羽的骄傲，使自己吃了一个大大的苦果，被自己的盟友结束了生命。

俗话说：蚊虫遭扇打，只为嘴伤人。以尖酸刻薄之言讽刺别人，只图自己嘴巴一时痛快，殊不知会引来意想不到的灾祸。生意场上，原本没有那么多的矛盾纠葛，往往只是因为有人逞一时之快，说话不加考虑，只言片语伤害了别人的自尊，让人下不了台，才产生彼此争斗的局面。所以，请牢记"和气生财，财生和气"。

优雅的气质是礼仪之本

在商务场合，有的人似乎天生就具备无与伦比的气场，即便不说话也会吸引众人的目光。这就是气质的独特魅力。一个人具备什么样的气质，对其精神面貌有很大的影响。人的容貌如同一朵花，花儿总有凋零之时，而人的气质所带来的风采则是与日俱增的。

那么，究竟什么是气质呢？所谓气质，一般而言是指人的相对稳定的个性特点、风格和气度。说一个人的气质美首先表现在其丰富的内心世界，而理想则是内心丰富的一个重要方面。因为理想是人生的动力和目标，没有理想和追求，内心空虚贫乏，是谈不上气质美的。品德是气质美的又一重要方面，为人诚恳、心地善良是不可缺少的。文化水平在一定程度上影响着一个人的气质。此外还要胸襟广阔。

气质美还表现在举止上，一举手、一投足，走路的步态，待人接物的风度，皆属此列。朋友初交，互相打量，立刻产生好的印象。这个好感除了源自言谈之外，就是举止的作用了。要热情而不轻浮，大方而不造作。

气质美还表现在性格上。这就是要注意自己的涵养，要忌怒、忌狂，能忍让，体贴人。温柔并非沉默，更不是逆来顺受、毫无主见。相反，开朗的性格往往透露出天真烂漫的气息，更能表现内心情感，而富有感情的人更能引起共鸣。

高雅的兴趣也是气质美的一种表现。爱好文学并有一定的表达能力，欣赏音乐且有较好的乐感，喜欢美术并有基本的色彩感，等等。

有许多人外表并不美，但在他们身上却流露着夺目的气质美，如工作的认真、执著，聪慧、洒脱、敏锐，精明、干练。这是真正的美，和谐统一的美。

追求美而不亵渎美，这就要求我们每一个热爱美、追求美的人都要从生活中悟出美的真谛，把美的形貌与美的气质、美的德行结合起来。只有这样，才是真正的美。

一个心灵美的人，展现在个性上更具人格魅力。魅力是别人对你的看法，他们通过你的外在表现、你的行动与思想，对你产生了喜欢以至某种带有神秘色彩的感情，所以魅力本身是一种感情。而别人对你的感情是与你对他们的感情密切相关的。如果你的感情特征是积极的、友善的、温和的、宽容的，那么你一定会魅力大增；反之你就会成为一个不受欢迎的人。所以一个人的个性在很大程度上影响了他的人际交往。

那么什么样的人是富有魅力的人呢？什么样的性格可以造就魅力呢？西方心理学家曾提出了一种说法，称之为"令人愉悦的个性"。如果你拥有令人愉悦的个性，你往往会使自己的魅力大增。人的情感和表现是复杂的，并非所有的性格都是令人愉悦的。有一些性格令大部分人感到不喜欢、讨厌，甚至是难以容忍。比如，人们一般不喜欢消极的、极端化的性格特征，人们对报复性的、敌意的性格特征更是感到厌恶。一般人们都喜欢富有热情的、积极向上的、友善的、亲切温和的、宽容大度的、富有感染力的性格。所以，如果你能够培养出为大部分人所喜欢的正面性格，那么你成功的可能性就大大增加了。

愉悦的个性是礼仪之基

一个处处受欢迎的人，未必是一个优秀的人，但他一定是一个有着阳光心态、充满关怀、愉悦个性的人。一般来讲，令人愉悦的个性包括以下几方面的性格特征。

1. 富有热忱

很多人之所以不能成功，是因为他们缺乏热忱。他们缺乏对人、事、物的热情关注，甚至对争取成功也缺乏热忱，这样他们当然无法成功。你是否对某些事情充满热忱？你是否特别关注于某个学科？你是否希望自己在某个领域有所建树？是否有些知识和问题在不断地吸引你的注意力？你是否热衷于学习钻研某项技术，并全身心地投入其中？如果你不是这样的，那么你就要有所改进。你要记住：一定要培养自己对人、对事、对学习新事物的无限热忱。如果你能逐渐做到这一点，那么你就是一个潜在的成功者。

在商务应酬中，每个人都喜欢谈论自己最擅长的东西，展现自己的魅力所在。所以你与他人友好交往、建立良好人际关系的前提，是尊重并倾听他人所谈论的话题，因为这些话题往往能体现出他的优势与价值，但这对你来说，往往又是学习和吸取新知识的大好机会。你要对任何人感兴趣，而不是只关注你现在认为最重要的人物，而且最好能一直保持下去。如果你无法做到这一点，那么你在其他方面的优势就要大打折扣。你真正地去注意别人，这比对他说些恭维的话要更有益处。你要学会去关心别人正在做的事情，这对他人来说，意味着你很重视他的工作与成就，而这对你本身来说也是一个学习新知识的机会。

培养热忱的一个重要方面是对事物的兴趣。此外，对事物的热忱还会有助于你激发带动其他人，使他们觉得你是一个精力充沛、充满活力的人，这也可以大大地提升你的形象与魅力。所以拿破仑·希尔经常告诫人们："要努力表现并提高你的热忱"。热忱是令人愉悦的个性的一部分，热忱可以改变你的人生。

2.亲切随和

许多关于魅力的书籍都强调一个伟人大都有一种神秘感与威严，这有一定道理。威严固然令人敬畏，但亲切随和则更会使所有的人喜欢。随着社会的进步、教育的普及、身份的平等化，这种个性成功的可能性越来越小。因此，在一个自由平等的社会，让他人喜欢你，远比让他人敬畏你更有价值。让别人喜欢你，可以为你带来合作机会，为你带来一笔笔交易，为你带来商业利益。而让别人敬畏你，能给你带来什么呢？

在现代社会中人们认为成功的个性之一是亲切随和。亲切随和的最大好处是对人平等，给人以尊重感。如果你想与别人建立起一种良好的关系，尊重他人是人际关系最重要的一条原则。亲切随和的人往往更能广交朋友，善结人脉，总能获得他人的好感与认同。

3. 温和谦恭

在商务应酬中经常会遇到这样一些人，他们对他人的看法总是很尖刻，或者是与人交往时经常咄咄逼人、盛气凌人。这种人的共同特征是缺乏温和的性情与谦恭的心态。

温和谦恭的性情表明一个人极富涵养，非常成熟，对人和物都有全面的看法。成功者在性格上的特点往往是不骄不躁、心平气和，他们在任何复杂问题面前都能保持清醒的头脑，不被烦躁不安的情绪所支配。即便他们受到了恶意的攻击，也能心态平和，因为他们知道，谦虚温和与泰然处之是对付恶意攻击的最好办法。

在商务应酬场合，若能做到性情温和、彬彬有礼，就会为你奠定成功的基础。在令人愉悦的个性中绝对找不到傲慢、自大和唯我独尊的影子。在任何时候都不要愤怒，愤怒没有任何价值；在任何时候都不要急躁不安，急躁不安也不会给你任何助益。成功者有一颗清醒冷静充满信心的头脑，但他们一般也有一颗谦恭的心。在现代社会，每个人都会在很多领域是知识上的盲人，而谦恭可使你无须掩饰自己的无知与缺陷，还会使你学到很多更有价值的东西。

4. 富有感染力

如果你做到了前面所讲的三条，你就是一个很受欢迎的人了。

但如果你还能做到这一条，就会使你更具魅力。你是否注意到，成功者的重要特点是他的个性富有感染力。每到一处，他都善于用自己的行动和语言打动别人，否则他怎么给别人留下深刻的印象呢？所以，你要努力培养你的感染力。

感染力的基础是共鸣，是一个人能力因素和情感因素的完美结合。一些成功的人之所以具有感染力，是因为他们懂得大部分人所关心的事物，他们能细心地观察每个人的利益、态度与感受。

一个人的正义感、同情心往往是感染力之源。在日常生活中，一个人的感染力更多是来自于情感方面。所以，一个具有感染力的人，也是一个具有道德影响力的人、一个正直善良的人、一个对他人的痛苦具有同情心的人。

"性格塑造人"，同样也是性格塑造成功。热忱、亲切、随和、谦恭、温和、宽容、感染力这些优秀的品质，构成了你令人愉悦的个性，从而有助于你获得他人的善待，建立一张宽广结实的人脉关系网。

商务交往离不开眼神礼

在商务场合，很多人士都擅长察言观色。直觉敏锐的客户初次与人接触时往往仅看一下对方的眼睛就能判断出"这个人可信"或"要当心这小子会耍花样"，有的人甚至可以透过对方的眼神来判断他的工作能力的强弱。

能否博得对方好感，眼神可以起主要的作用。言行态度不太成熟的人，只要他的眼神好，有生气，即可一俊遮百丑；反之，即使能说会道，如果眼睛不发光或眼神不好，也不能博得客户的青睐，反而会落得"光会耍嘴皮子"的下场。

不论你如何强烈地反驳对方都必须笑容满面，如果不笑就无法保持温柔的眼神。在生意人的"词典"里，不应该有嘲笑的眼神、怜悯的眼神、狰狞的眼神或愤怒的眼神等字眼。

为此，需要克服一些不当的眼神。

1. 不正面看人

不敢正面看人可表现为不正视对方的脸，不断地改变视线以离开对方的视线；或低着头说话；或眼睛盯着天花板或墙壁等没有人的地方说话；或斜着眼睛看一眼对方后立刻转移视线；或直愣愣地看着对方，与对方的视线相交时立刻慌慌张张地转移视线，等等。

大家都知道，怯懦的人、害羞的人或神经过敏的人是做不成生意的。哪怕你只有那么一点毛病也必须立刻改掉。不妨在和家人朋友谈话时，下工夫用眼睛盯着对方来进行训练，使自己能以平常心说话。

2. 贼溜溜的眼神

如果有一双贼溜溜的眼神可就麻烦了。有的人因职业关系访问客户时有目的地带着一副柔和的眼神，可是一旦紧张或认真起来则会原形毕露，瞪着一副可怕的贼眼，反把客户吓一大跳。

带有贼溜溜眼神的人仅在从事销售工作时注意还不够，必须时时刻刻注意自己平时的日常生活，养成使自己的眼神温和的习惯。如果想从根本上解决的话，对一切宽宏大量是治疗这种眼神的唯一办法。

3. 混浊的眼

上了年纪的人眼睛混浊是正常现象。但是有的人年纪轻轻的却也眼睛混浊布满着血丝。这样的人给人一种不清洁的感觉，甚至被误认为此人的人格也是卑下的。作为一位商务人员来说这是非常不利的情况。

只要不是眼病，年轻人的眼睛本不会混浊。眼睛混浊的年轻人往往是由于睡眠不足和不注意用眼卫生所引起的，因此，一定要注意睡眠和眼睛卫生。

4. 冷眼

心眼儿冷酷无情，眼睛也给人一种冷冰冰的感觉。有的人心眼虽然很好，可是两眼看起来却冷若冰霜，例如理智胜过感情的人、缺乏表情变化的人、自尊心过强的人或性格刚强的人等往往有上述现象。这种人很容易被人误解，因而被人所嫌弃，若从事商务活动则不会有所成就。

因此，上述这类生意人应对着镜子，琢磨如何才能使自己的眼神变得柔和和亲切及惹人喜欢，同时也要研究一下心理学。

5. 直愣愣的眼

出差访问客户时，环顾四周是件非常重要的事。眼不斜视直愣愣地朝着对方的办公桌走去，是没有经验的表现。那应该怎么办呢？首先，要环顾一下四周，视线能及的人就走上前去打个招呼，远的就礼貌地行个注目礼。

客户单位的主管、一般的工作人员即使与你的业务并无直接关系，也要诚心诚意地向他们打招呼，这样不但可以提高你的声望，而且在某些情况下他们还会给你意想不到的帮助。

　　另外，和很多客户说话时行注目礼也是很重要的事，要一边移动视线交互看着全体人员的脸，一边说话。一般来说大家比较注意发言多的客户，而往往忽视了不发言的人，这就有点失礼了。对一言不发的人也要注意到，这样一来气氛就大不一样了。

商业应酬得宜于微笑礼

　　微笑是富有魅力的。笑，是每个人都可无数次显露的表情。但是，在各种各样的笑容里，最动人的要数微笑。因为微笑最能表达出一种热情而积极的处世态度。一个热爱生活的人，一个积极向上的人，微笑必定是他显露得最多的表情。在商务活动中，微笑是生意成功的催化剂。

　　记得有位名人说过这么一句话："微笑是上帝为人类设计用来给予的，而不是珍藏的。"一张微笑的脸，可以照亮一片天空。

　　谁要是把微笑珍藏起来，那既不能保鲜也不会增值，久而久之，倒可能失去微笑的功能，甚至一咧嘴就抽筋，比哭还难看。苦了旁人不说，自己也不舒服。若是经常微笑着面对生活、面对他人，就会滋润心灵并传播开来，在人世间流淌不息。

　　上帝的这个设计是体现了辩证法的，看上去是给予、是奉献，其实也会有收获和回报。

　　首先是微笑使人美丽，特别是女人。很普通的一位女性，拿时下的话说，在人海中或许根本吸引不了眼球，但只要她善于微笑，发自内心的笑意总挂在脸上，那么她一定会变得生动、可爱，有神采。

微笑还会给人自信。无论多么胆怯的一个人，脸上有了微笑也就有了与人沟通、交流的渠道；有了参与现代社会竞争、角逐和面对挑战、超越自我的愿望；有了热爱生活、制造快乐、享受人生的基础。因为自信的微笑就像蒙娜丽莎的微笑一样，是无法伪装的。而一个人是否自信，就是决定能否成功的先决条件。自信会在争取成功的过程中逐渐增强，但不可能在毫无自信基因的土壤里生根发芽，开花结果。

微笑还能让人得到尊重和信任。"巴掌不打笑面人"，也就是这个意思。即使有了什么小过节，你以一脸真心实意的微笑示人，也就容易化解了。

微笑是自信的象征。一个人即使在遇到极严重的危险或困难时，也仍然微笑着，好像若无其事。这种微笑充满着自信，充满着力量。它好像有一种超凡的魔力，像阳光一样，可以驱散阴云，驱散黑暗，把许多令人阴郁、沮丧、恐惧、苦恼的情绪一扫而光。

微笑是礼貌的表示。一个懂礼貌的人，微笑之花开在他的脸上，永不消失。对认识的人或陌生的人，他都将微笑当做礼物，像春风和春雨一样，慷慨地、温暖地奉献给人间，使人们感到亲切、愉快。

微笑是和睦相处的反映。能够与别人相处得很好的人，往往能保持经常的微笑，他不仅在别人面前，笑容满面，和蔼可亲，当他独自一人的时候，他想起别人也会微笑。他觉得人人待他都很好，人人都可爱，人人都相信他、喜爱他。

在商务应酬中，如果人人脸上都有微笑，会使苦恼的人也感到愉快、安详，气氛也融洽、平和，至少人人的心中都少了许多令人不愉快的怒气和戾气，争吵打斗的事情也就越来越少了。这种微笑，好像是一种磁力、一种电波，能够跟许多人的心灵相通、相近、相亲。

有的人认为对自己看不起的人，就不必微笑；有的人只对自己想要讨好的人微笑，而对自己的部下、晚辈，从不微笑，仿佛这样做有损于自己的尊严。

这种人的微笑不是发自内心的微笑，而是一种所谓"皮笑肉不笑"的微笑。这种微笑，是做给别人看的，不是真诚的。每一个善良真诚的人，切莫被这种虚假的微笑所迷惑，上当受骗。

微笑有时也可以是内心忧郁的表露。巴金在《家》中描写梅死了丈夫，回到省城，来到高公馆，与众表兄妹相见时，脸上露出了一丝微笑。这是一种凄凉的微笑，是无可奈何的微笑，是忧郁的微笑，就像阴天的太阳，偶然从云朵隙缝中，露出一丝淡淡的光辉，一转眼就消逝了。

真诚的微笑是心理健康的标志。一个心理健康的人能真诚地微笑，使美好的情操、愉快的思想和温暖的情怀以及善良的心地，水乳般地交融在一起。发出真诚微笑的人，表现出对别人的感觉敏锐且尊重，同情、体谅并乐于帮助别人；他愿意分担他人的忧伤，减轻他人的痛苦，同时，也愿与他人分享快乐。正如瑞典一句谚语所说："与人分享的快乐是双重的快乐，与人分担的痛苦是减半的痛苦。"

与善于发出真诚微笑的人交朋友，无疑会得到坦诚、热情、无私的帮助。

微笑是人所拥有的一种高雅气质，是成熟人格的象征。善于微笑的人通常是快乐且有安全感的，也能使他人感到愉快。

微笑是一种交际手段，真诚的微笑能够拉近彼此的距离。在商务应酬中，商务人员要让自然的微笑时时在脸上绽放，让对方感受到你的真诚，自然而然就对你产生了信任。合作成功，指日可待。

商务应酬中的行为禁忌

在商务场合，各色人等皆有。有的人举止得体、风度翩翩；有的人不拘小节、阿谀逢迎。显然，人们都喜欢与前者打交道。我们常说一个人有风度，实际就是其气质、涵养的外在体现。一个有风度的人，在商务应酬中，一举一动都能彰显其智慧和修养，在这社交圈中必有良好的人脉。

风度的形成不是一朝一夕之事，要从点滴做起，商务人员更要多方面培养自己，使自己在应酬中如鱼得水。

在商务应酬中，有一些行为是必须注意的，否则会严重损毁自己的风度。

1. 在人前打呵欠

在商务应酬场合，打哈欠给对方的感觉是：你对他不感兴趣，表现出很不耐烦了。因此，如果你控制不住要打哈欠，一定要马上用手盖住你的嘴，跟着说："对不起。"

不要以为你疲倦了打个呵欠是很自然的，但是，对方永远都不会这么想。

2. 不在人前掏耳挖鼻

在商务应酬中，无论如何，都不可在人前掏耳挖鼻。这个不雅的举动往往令对方感到恶心和反感，而且还会让人感到你很傲慢、不懂礼貌。如果真的是痒得难以忍受，不妨暂时离开并表示歉意，这样既能解决自己的"难言之隐"，又不失礼仪。

请记住，不要以为掏耳挖鼻是个小动作，因为对方可以将其无限放大。

3. 不在他人面前抖动双腿

在商务应酬的场合，经常有人在坐着的时候，双腿犹如痉挛般地不停颤动，甚至还会带动座椅摇动影响他人，让人反感。这种丝毫不顾及他人感受的举动是不文明的举止，必须防止。

试问，谁会喜欢这种举止的人？双腿颤动不停，不但令对方视线不舒服，而且也给人以情绪不安定的感觉。

在抖动腿的一刻，你的仪表再潇洒也会在瞬间荡然无存了。

4. 不要拨弄头发

留着长发的人，在商务应酬时，常常会不自觉地拨弄头发。这种习惯，会令人产生不尊重的感觉。因此，一定要避免。

5. 不当使用手机

手机是现代人们生活中不可缺少的通信工具。如何通过使用这些现代化的通信工具来展示现代文明，是生活中不可忽视的问题。

如果事务繁忙，不得不将手机带到商务应酬场合，那么你至少要做到以下几点：（1）将铃声降低，以免惊动他人；（2）铃响时，找安静、人少的地方接听，并控制自己说话的音量；（3）如果在车里、餐桌上、会议室、电梯中等地方通话，尽量使你的谈话简短，以免干扰别人；（4）如果下次你的手机再响起的时候，有人在你旁边，你必须道歉说："对不起，请原谅"，然后走到一个不会影响他人的地方，把话讲完再入座；（5）如果有些场合不方便通话，就告诉来电者说你会打回电话的，不要勉强接听而影响别人。

另外，还要注意，在应酬中，男士应表现出刚劲、强壮、英勇和威武之态，给人一种强壮的美感，而不要忸怩作态。阳刚的表现不等于粗野，满口脏话，衣冠不整，不拘小节；也不是故作姿态，装腔作势。"粗野"，是一种缺少教养的表现。良好的表现是要在交际中自然大方、从容不迫、谈笑自如，说话和气、文雅谦逊，尊重别人。而当男士以主人的身份出现时往往是社交成败的关键，他要热情地接待每一位来访者。对来访者相见时，要热情地握手问候，分别时要礼貌道别。

在应酬中女士则要表现得举止优雅得体。要表现出女性的温柔、娴静、典雅之美，动作要轻柔自如，经常面带微笑，笑容自然，使人感到亲切友善。在公开社交场合，女士举止应自然大方，不要忸怩作态，不要轻佻，更不可挤眉弄眼，过分地装出副笑脸，给人的感觉就如同献媚。在青年男女共同社交场合，女子之间切忌交头接耳窃窃私语，以及发出一些使人莫名其妙的笑声。女士担任主人的职务时应注意男士的处境，当一位男士身处几位女士之中，他会感到不自然。这时女主人应主动"出击"，找出共同话题。当女士被男士邀请时，不要断然拒绝或含糊其辞，如不能赴约，应给以解释或婉言谢绝，更不可出言不逊使人难堪。

在商务应酬中，除了需要避免不文明举止外，与人交谈时还应该注意交谈时双方的距离。距离过近或过远都会有失礼貌。距离过远，会使交谈者误认为不愿与之接近，有拒人千里之外的感觉；距离过近，稍有不慎就会把唾沫溅到别人脸上，或者口中或身上的异味被别人闻到，令人生厌。如果对方是异性，对距离的保持不适当，还会使之戒备或者被他人误会，特别是未婚男性与未婚女性之间。如果男性有吸烟史或口臭等口腔之疾，更要注意自己的形象，不要忘乎所以地谈论，要考虑别人的感受。

那么，与人交谈时到底保持怎样的距离才算合适呢？这主要根据具体情况而定，一般礼貌距离是0~45厘米为亲密距离，45~120厘米为熟人距离，120~300厘米为社交距离，300~800厘米为公众距离。

综上所述，在现代商务应酬中，要时时审视自己的一言一行，切勿因犯了礼仪大忌而得不偿失。

情景模拟：言行得体并尽量显出你的涵养

商务应酬中，仪态很重要。仪态是指人在行为中的姿势和风度。姿势是指身体所呈现的样子，一个人的一举一动、一颦一笑、站立的姿势、走路的步态、说话的声音、对人的态度、面部表情等都能反映出一个人仪态美不美。而这种美又恰恰是一个人的内在品质、知识能力、修养等方面的真实外露。

商务应酬中，要时刻注意自己的仪态，美丽的行为举止总能给对方留下一个好印象。举止行为体现一个人的修养。商务人员在应酬中要做到行为文明、举止得当。交谈和出席任何场合都要符合一定的标准，注意细节，才能给别人留下好的印象。长期以来人们在举止方面有约定俗成的规则，基本要求是人们的言行举止在不同场合要使用得当。

参加人数：2人

训练目的：熟知仪态礼仪，举止恰到好处。

训练要点：点头、举手、起立、鼓掌、拥抱等。

模拟准备：适宜会见的场所。

得分要点：（满分100分）

1. 点头。用点头来打招呼时，是否用眼看着对方，面部是否略带微笑，是否等对方有所表示时再转向他方。点头和握手是否配合使用。（20分）

2. 举手。二人相距较远，宜采用此种打招呼方式。既可以表示认出对方，还可以在短距离内表达你的敬意。（10分）

3. 起立。假设是一个比较正式场合。位卑者向位尊者表示敬意的礼貌举止之一就是起立。（10分）

4. 鼓掌。这是在社交场合表达赞许或向别人祝贺等感情的礼貌举止。假定是正式商务应酬场合，当重要人物出现、精彩演讲或表演结束都要报以热烈的掌声。（20分）

5. 拥抱。这是传达亲密感情的礼貌举止。假设对方是外国来宾，要主动上前面带微笑，亲切拥抱，表达敬意。（20分）

6. 走路。身体挺立，两眼直视前方，两腿有节奏地迈步。行走时步履轻捷，两臂自然摆动。走路原则是：轻而稳，胸要挺，头抬起，两眼平视，步度和步位符合标准。（20分）

总之，模拟训练时在言行举止间要尽量显出你的涵养来。一个合格的商务人员必然是有良好的行为姿态，举止端庄之、风度翩翩之人。

第二章

品质着装：从头打造你的商务范

商务形象不仅指商务人员自身的仪容仪表，也包括对方对商务人员的感知。不同的人对同一位商务人员的感知不同，进而形成不同的印象。在商务应酬中，一个人的外在形象直接影响到别人对他的看法，甚至影响到生意的成败。因此，时刻保持良好的商务形象是非常必要的。

良好形象是你第一名片

科学研究的结果表明，个人感受到的对方仪表的魅力同希望再次与之见面的相关系数，远远高于个性、兴趣等同等的相关系数。在商务应酬中，人的外表形象往往会起潜移默化的微妙作用。仪表美是心灵美的体现，仪表美是对生活的热爱，是对社会和他人的尊重。端庄、美好、整洁的仪表，能使对方产生好感，从而有益于商业活动的开展。因此注重仪表，塑造出自己最佳的形象是商务人员必须认真做到的。总的来说，塑造良好的个人形象应做到以下几方面。

1.仪表整洁

要求仪表仪容干净、整洁，就是要做到并保持无异味、无异物，坚持不懈地做好仪容细节的修饰工作。

干净、整洁是个人礼仪的最基本要求。这里包括面容、头发、脖颈与耳朵、手、服饰等方面的整洁。面容看上去应当润泽光洁；耳朵、脖子应当干干净净。不要小看这一点，面部是一个人最突出的代表部分。面容是否洁净，皮肤是否保养得当，看上去是有生气、有光泽，还是灰暗、死气沉沉，都直接关系到他人对你的印象。一个有教养的人，绝不会是那种不修边幅、蓬头垢面的人。

头发常常没有像面容那样受人重视，但假如你希望改善自己的形象，就应把头发作为重要环节来考虑。关于发型风格及设计原则，此处就不谈了，这里只强调一点，即保持头发的干净整洁。头发松软亮泽，加上整齐的发型梳理，衬出光洁的面容，才能展现你良好的素养和气质。注意不要让你的上衣和肩背上落有头皮屑和掉落的头发，因为那样就会给人一种不整洁的感觉。

有了光洁的面容，整齐的头发，还要注意手的清洁。如果伸出的一双手很脏，那美好的形象一下子就没了。在人的仪表中，手占有重要的位置。一个仪表风度不凡的人，绝不会长着又黑又长的指甲。一般来说，男性不宜留长指甲，女性如果留长指甲，一定要修剪整齐，并保持洁净。

2.注重细节

口腔卫生也是个人仪表仪容整洁的重要内容之一，主要应注意口中有无异味。与人交谈时，如口中散发出难闻的气味，便会使对方很不愉快，自己也很难堪。通常情况下，口腔异味多为口腔疾病或不注意口腔卫生引起的，也可能是由身体内部疾病引起的，有时吃了葱、蒜、韭菜等食物，也会产生强烈异味。口臭会使一个人美好的形象大打折扣，这一点想必大家也有同样感受。因此，应查明原因及早治疗，同时，早晚刷牙，饭后漱口，多吃清淡食物，多喝水，也是很重要的。如果吃了味道强烈的食物，可在口内嚼一点茶叶、红枣或花生，以帮助清除异味，必要时可以用嚼口香糖的办法来减少口腔异味。但要注意，商务应酬中，在别人面前大嚼口香糖是不礼貌的行为。

身体异味是令人反感的。如果有狐臭的毛病，应及时治疗或使用药水。经常洗澡，勤换内衣，可以减小或防止身体异味。

服饰穿戴在任何情况下都应保持干净整齐。注意衣领袖口或其他地方有无污渍。服装应是平整无皱折的，扣子齐全，不能有开线的地方。内衣外衣都应勤洗勤换，保持洁净状态。此外，对鞋袜要像对衣服一样重视，不能身上漂亮而鞋袜污脏。皮鞋应保持鞋面光亮。有人说，"三分衣服七分鞋"，可见鞋整洁在仪表中的重要性。

3.简约、大方

要求仪表仪容简约，就是在整理、修饰仪表仪容时，要力戒雕琢，不搞烦琐；力求简练、明快、方便、朴素。要求端庄大方，就是要求端庄、斯文、雅气，而不花哨、轻浮、小气。

修剪头发时，对于男性来讲，应当求短忌长；对于女性来讲，则不提倡留披肩发。偏爱披肩发者，在工作岗位上有必要将它暂时盘束起来。如果染发，颜色宜与本身发色相近。

修剪指甲，总的要求是忌长。除了必要的指甲保养，不宜做过于张扬的彩绘。

切记"修饰避人"的原则。在进行仪表仪容修饰、整理时，务必要自觉回避他人，以示对己对人的尊重。女士需补妆时，应到洗手间内进行。

男士不化妆，以修面、理发为主，但也可少量用护肤霜、香水等。女士要以淡妆为主，达到容貌端庄自然、健康的效果。

根据着装、自身特点、场合需要，选择佩戴饰品。佩戴饰品时应符合佩戴要求，以点缀为主。

一个人的个人形象会影响到别人对他的看法，因此个人形象在商务交际中非常重要，必须引起每一位商务人士的注意。

被忽略的七个形象细节

时代迅速发展，潮流日新月异。人们对美的追求似乎比以往任何一个时代都更加狂热。不同年代的人对潮流的理解不同，但有人却因过分追求潮流而弄巧成拙。当然，你不能对流行时尚一无所知，也不能过分追赶潮流而在外表上失去你的专业信誉。

因此，出入商务场合，如下七个细节你必须注意：

1.高保湿的发式

带有浓厚保湿效果的头发，给人以清新、有活力的感受。千万不能顶着一头干涩的头发去面见客户，要购买无香型的保湿啫喱，抹在干净柔顺的头发上，制造保湿效果。注意别用香气袭人的啫喱，啫喱的香气与面霜、香水的香气混杂起来，很刺鼻，缺乏清爽明媚的感受。

要使你的头发看上去像半小时前刚从泳池里出来的效果，湿润亮泽，清爽宜人。

2.简洁洗练的领口

在领口加花边是非常老土的式样。体现你的效率与创新精神的领口，常常应该是简单的半立领式，领子呈不对称的半开放式设计。对称的领子严谨而尊贵，但不能给人意料之外的惊喜，也就不能给人以深刻印象。不对称的领口常常给人以"领先意识"与"创新精神"的双重好感。

3.选对唇膏的颜色

灰紫、近乎白色的淡紫、银灰等唇膏色，已继紫色与黑色之后，成为最具先锋感的唇膏色，得到年轻的职业女性的喜爱，但是，它却不适用于工作领域或对外交往场合。玫瑰灰紫、灰紫白、银灰，给人矜持冷淡的印象，显得气质孤傲，缺乏合作诚意。当然，饱满欲滴的火红色及大红色也是不合适的。如燃烧般的红色是女性"扩张力"的代言物，无论对话者是女性还是男性，都会令其不安、紧张。所以，为保持精致幽雅而不乏轻松的对话氛围，要选好你的唇膏。深玫瑰紫、洋粉红和咖啡玫瑰红，是赢得"人心相向"的"武器"之一。

4.套装色要与肤色相配

如果你对自己的经验和能力没有把握，套装是最能帮你镇定自若的服装。但套装的颜色若选错了，往往比品牌、款式不合适更糟糕。乍一看上去，黄种人的肤色都差不多，其实还分许多类：深黄偏红、深黄偏黑，淡黄偏红、淡黄偏白、淡黄偏黑，微黄色，苍白色，半透明鱼冻色，焦黄色，褐黄色……每种肤色都与一至三种套装色相克。穿上了"相克色"，常常使人表现出保守、萎靡、拘谨之相。关于你最适合何种套装色，一定要请教色彩配衬师、色彩专家和有经验的朋友。这是确立个人着装风格的第一步。

5.摆脱制服的约束

第一次会面就不穿套装，反映了一个人内心的轻松或胆略，有时也体现了一种朋友式的友善态度，像无衬拉链装和底边有本色绣花的针织裙，常常突出了初见者对自身影响力的自信，有一种出奇制胜的效果。因此，日本的营销员们，已在考虑如何将轻便装与职业自信结合起来，从而独创一种"标签式"的户外拜访装，以此来突出自己的年轻优势，也借此体现与老前辈们截然不同的工作姿态和价值取向。

6.亮丽的旅行袋式挎包

与客户面对面打交道的商务人员，不再用小号公文箱、公文袋夹及中规中矩的黑色矩形挎包，代之而来的亮丽的旅行袋式大挎包，已成为一种时尚方向。东京街头早已出现面见客户的保险业女生背紫色旅行袋式LV挎包的时尚即景。大容量的挎包，与女孩的纤细身型，和新世纪颇为中性化的男孩身型相对照，有着强烈的戏剧张力。旅行袋式的挎包，鲜艳、明丽、有运动特质，似乎是挎着一种出走与逃离的欲望，表现人心所向。

挎着旅行袋走在自己生活的城市里，乐此不疲，正是反映了这是一个既讲原则又讲妥协的人。

7.鞋子上的时尚特征

无论是靴子还是皮鞋，能表达干净洗练的专业人群素养者，只能是方头鞋而不是尖头鞋。尖头给人神经质的感受，显得个性过甚，缺乏合作诚意。除了鞋头部分能反映精确的专业气质外，流线型的鞋底也给人潇洒亮丽的好印象——一种对职业游刃有余的优越感。所以一些重视外观形象者，都选择了流线型的鞋底，以期塑造一种幽雅敏捷的气质。

商务着装要与体型相配

人的体型差异很大，十全十美的人很少。理想的体型，要求躯干挺直，身体各部分的骨骼都要匀称。胖、瘦或腿短、臀宽等不完美的体型，在商务应酬中都可能成为自身的不利因素。但若能了解自己的体型缺陷，扬长避短，便可顺利应付任何商务应酬。

体型较好的人，对服装款式的选择范围较大，着装时应该更多考虑的是服装与肤色、气质、身份、场合等的协调。体型较胖的人最好着上下一色的深色套装，裤子的长度应略长一些，裤腿略瘦。

肩窄臀宽的人，应该注意使用垫肩，使肩部看上去宽些。也可以在肩部打褶以增加宽度，可以选择束腰的服装以衬托肩部的宽大。忌穿插肩上衣、宽大的外套夹克衫，忌穿无袖上装、长而紧袖上装。腰粗的人应选肩部较宽的衣服，以产生肩宽腰细的效果。女士不宜穿腰间打褶的裙，不要把衬衫扎进裙子或裤腰中。腿较短的人，可以选择上衣较短、裤稍长的服装。腿较粗的人，宜穿上下同宽的深色直筒裤、过膝的直筒裙，不宜穿太紧的裤、太短的裙。服装的面料及质地不同，花型不同，会造成大小形象上的不同感觉。像粗呢、厚毛料、宽条绒等，这些面料如使用不当，使胖人看上去更胖，增加笨重感觉。发亮的料子，比如绸缎和一些化纤面料，使人看上去丰满，胖人穿上也会显得更胖。大花型的面料有扩张的效果，它使瘦人看上去丰满一些。小花型的面料也能使丰满的人看上去苗条些。花色面料还可以适当修饰体型有缺陷的部分，比如女士胸部不够丰满，可穿花色上衣弥补。

职场女性，想要穿出完美的职业范，就要坚持三大原则：

1.亮丽和谐的色彩

色彩是女性整体形象包装中面积最大的元素，它给人的视觉冲击力最强。比如，我们和某人走散，要寻找时首先在人群中找她所穿衣服的颜色；再比如，人们常说"远看颜色近看花"，都说明了这个道理，所以色彩在服饰搭配中的重要性就可想而知了。

同样的颜色穿在不同的人身上，出现的效果是截然不同的。因为我们每个人的脸都不是白纸一张，都有各自不同的颜色，也就是我们常说每个人都有自己的色特征。每个人的色特征是由你体内所含的各种色素决定的，表现在我们身上，就有不同于他人的肤色、头发、眉毛的颜色以及眼睛的颜色。所以，选择服装时应选择和我们的色特征相吻合的颜色来穿。

自然界中的颜色，我们根据它的色调可以分为暖色和冷色两大类。各种颜色中发黄色基调的，会给人暖融融的感觉，我们把这类颜色称为暖色。各种颜色中发蓝色基调的，会给人凉爽的感觉，我们把这类颜色称为冷色。如红色，在红色中加入黄色成分，那么这个红色就会呈现西洋红、橙红、橘红，这些红色均为暖色；若在红色中加入蓝色成分，就会呈现粉红、紫红等，那么这些红均为冷色的红。

我们根据色特征的不同亦可把人分为暖色和冷色两种，暖色人皮肤呈现象牙黄，头发亦不是太黑，也是略发黄的，眼珠颜色也浅，呈现棕色、黄棕色。此类人选择色彩时应选择黄色基调的暖色，金色就非常适合此类人；冷色系的人皮肤呈现米黄色，略发青，头发一般较黑，且多数人头发很硬，眼睛深褐色，这类人应选择发蓝色基调的冷色，同样，银色适合冷色系的人。

在商务应酬中，作为女性要注意各种颜色冷暖色调的搭配，穿出适合自己的美丽！

2.个性鲜明的款式风格

色彩可以改善并协调女性的肤色。这还不够，好的服饰，还应能修正身材，树立形象，显现女性的个人魅力。

每个人的穿衣打扮要根据我们的体貌特征来确定服饰的风格。体貌特征依次主要由五官、身材、性格和职业所决定。根据体貌特征，简单的我们将款式风格分为三大类：五官、身材线条柔和，性格柔美的为女性，反之为男性，介于两者之间的为中性。女性风格诸如孙晓梅、林青霞；中性风格有杨澜、田震、毛阿敏；还有就是男性风格的像王菲、赵薇，等等。

从以上的例子可以看到女性风格的人，宜穿女性化的曲线、柔软、花朵图案、带花边的服饰。男性风格的人宜穿直线、帅气、利落的服饰，中性化的可介于这两者之间选择。发型的设计也要符合这个原则。

3. 精致、讲究细节的配饰

衣服买回家，穿到身上，这只是完成了女性的第一期创作。要想让普通的衣服穿出女性独有的风格，后期的细节装饰就显得非常的重要。配饰中最常见的就是丝巾、胸花和胸链了。每个人应根据自己的色彩和款式风格多准备一些和不同衣服搭配的饰品，这样的服饰搭配才能做到很出色。

但是在佩戴饰品时要注意不宜太多，不要挂的像棵圣诞树，不能超过16个亮点，11、12个为宜。怎么来算亮点，比如10个鲜艳的指甲油算10个亮点，几个夺目的衣扣就算几个亮点，其余像一般的头饰、眼镜、耳环、项链、腰带、戒指、手表、鞋袜等均有一个算一个，就这么计算。另外饰品的佩戴一定要和时间、场合以及环境相吻合，这样才能显出女性的品位。

商界女士着装三大要素

纵观人类社会，似乎女士永远都有着比男人更多的服装款式和样式。女士的服装，比起男子更加丰富多彩、新颖别致。她们不仅要借服饰来显示自己美好的体态，还要以此来表现自己的修养和风格。评论家认为，英国前首相撒切尔夫人爱穿夸张的宽衬肩服装，以表现她不可一世的女强人性格。可以肯定地说，女性在服饰方面比男子讲究的余地要大得多。而且，她们除了衣服以外，还要从头到脚地进行协调搭配，其中帽子、披肩、手提包、皮鞋、袜子等也都要与衣服相配。

在商务应酬中，职场丽人要适时、适度地展示自己恰到好处的美丽。一般来讲职业女装有如下几个类型：

第一要素：套裙搭配合理

套裙式服装最能体现女性的魅力，恰到好处的裙子能充分显示女性的美感与飘逸的风采。作为职业女性，其工作场所的着装有别于其他场合的着装，尤其代表着一个企业、一个组织形象时，更要追求大方、简洁、纯净、素雅的风格。套裙以其严整的形式，多变却不杂乱的颜色，新颖却不怪异的款式，成为职业女性最规范的工作装。

1. 套裙的款式

套裙有两件套和三件套之分。套裙的上装以西服式样居多，也有圆领、V形领等式样。上衣的长度既可短至腰际，也可长至臀部以下；下装是长短不同的各式裙子。套装的整体变化不大，但套装上衣的袋盖、衣领、袖口、衣襟、衣摆，下装的开衩、收边，等等，都在细致之处见风格。

2. 套裙的着装规范

女性着套裙既不可能像时装一样赶新潮，又不能穿得粗俗乏味，体现不出女性温柔、妩媚、优雅、轻盈的特性。因此，要注意套裙的色彩搭配，只有搭配好，才能穿出不俗的效果。

蓝色套裙一般是公司制服中使用得最广泛的一种服饰，尤其是深蓝色。黑头发、黑眼睛的东方人，是很适合黑色衣服的，黑色除了可以隐藏缺点之外，还可使体型看起来纤细一点，使皮肤显得白一点。如能选择开朗、轻柔的粉红、粉蓝、火黄、草绿系列，更能显示出女性柔美的气质。

一般在商务应酬场合，为表明职业女性对工作的严谨和认真，套裙多整套穿。在休闲场合，则较为随便，套裙可与其他服装搭配起来穿。要注意利用裙装的修饰美化作用"扬长避短"，如可以利用裙装的上短下长，掩盖腿部粗短的缺陷。

3. 套裙的选择

女性服装的穿着礼仪原则是讲究整洁与高雅。

女性服装可以露但不可以透。透即色情，被视为极端的不端庄、不礼貌。职业服装样式可选择连衣裙或套装或套裙。质料与颜色无特殊要求，可根据自己的特点来决定。上衣应略长一些，不可在穿职业服装时露出肚皮。职业服装还应避免领口开得过大，臂膀过于裸露，同时，不宜选用透明、耀眼的和织有金丝、银线带亮片的服装。

参加晚会、宴会的服装与日间礼服略有区别，就质料而言，应以丝、丝绒、雪纺纱和缎之类为最适宜。这些轻软而富有光泽的衣料，最能衬托出女性的高雅、婀娜的身姿，而毛、棉织的衣料则稍显笨重，光泽也较差一些，不适宜于晚会、宴会穿着。颜色以黑白两色最佳，红色、蓝色等纯色也可以选择，因为纯色能够更好地显现女性的身段，易给人以端庄之感；式样应有别于上班服，富于变化。可以按自己的身材优势"露"一点；肩颈部漂亮的可以露出肩部，胸部丰挺的可设计低胸或中空样式，腿部修长的可开中、高衩或穿短礼服，等等。礼服应以紧腰为宜，若带袖也以窄袖为主。

4. 西服套裙

西服套裙是女性的标准职业着装，可塑造出强有力的形象。单排扣上衣可以不系扣，双排扣的则应一直系着（包括内侧的纽扣）。穿单色的套裙能使身材显得瘦高一些。套裙分两种：配套的，其上衣和裙子同色同料；不配套的，其上衣与裙子存在差异。

职业套裙的最佳颜色是黑色、藏青色、灰褐色、灰色和暗红色。精致的方格、印花和条纹也可以接受。买红色、黄色或淡紫色的两件套裙要小心，因为它们的颜色过于抢眼。

关于职业套裙的面料，有羊毛制品的，四季皆宜，经久耐穿；衣服挂一个晚上，褶子就消失了。在热天，最好穿棉织品。买亚麻制品时，要选择混有人造纤维如聚酯纤维、人造丝或丙烯酸系纤维的；否则，衣服很容易出褶子。对丝绸制品也要谨慎，它们会起褶，而且显得太考究。检验一种面料是否抗皱的方法是用手攥住布料，然后松开。如果起褶子，要三思而后买，它可能穿不了一天就变得皱皱巴巴的了。

第二要素：运动式夹克如何匹配

轻便的夹克可以与裙子搭配，用于不太正式的场合。

选择运动式夹克时，宜选用与裙子相同的颜色，可以选黑色、藏青色、灰褐色、灰色和暗红色等。买方格、花呢、印花和其他图案的夹克时应注意它们是否能与多种衣服搭配。其面料的选择，也应与套裙一样，选择纯毛以及混纺面料，丝绸和亚麻混纺制品也可以，但避免选择皮革、小山羊皮、灯芯绒、丝绒、天鹅绒、斜纹粗棉布或缎子的，因为这些面料让人有一种不太职业化的感觉。

衬衫的颜色可以是多种多样的，只要与夹克相匹配就可以了。白色、黄白色和米色与大多数夹克都能搭配。丝绸是最好的衬衫面料，但是需要干洗。注意一下标签，现在有些丝绸也能用水洗。另一种选择就是纯棉，但要保证浆过并熨烫平整。聚酯纤维，既可手洗也可机洗，而且不起褶，但应选择看上去像天然纤维的那种。

第三要素：连衣裙穿搭得体

连衣裙和两件套裙可以单独穿或者和上衣搭配在一起穿。尽管它们在某些场合很合适，但它们看上去不如西装套裙显得有力度。大衣式裙子的纽扣是一排到底的，比衬衫配裙子那种只到腰部的纽扣样式看起来更有力度，更显得职业化。关于其颜色，可以选择灰色、藏青色、暗红色、米色、驼色、黄褐色、红色和玫瑰红颜色的布料。可以选用简洁的印花或图案，但是鲜明的图案和设计就显得过于显眼了。至于面料，丝绸是最好的，当然100%的人造丝也可以，只有加入人造纤维的亚麻制品才宜选用，纯亚麻制品容易起褶。而棉布对于职业服装来说就显得过于随便了，不宜选用。

职场绅士着装四项注意

商务应酬活动比较频繁的男士，对服饰礼仪的理解越来越深刻，开始追求服饰的品质和细节，重品牌的简洁式样。然而也有很多男士对自己的着装并不十分了解。相较女士来说，男士着装比较简单。但是正是因为简单，才更加要求品质和细节。在商务应酬中，着装要求注重大方，西装成了男士着装的首选。

西装是职场男士必备的服装。虽然说西装的来历是源自渔夫，但西装已确实在世界文化的交流中是正装的标志。西装是现代男士基本的衣着之一，遗憾的是许多男士并不能很好地把握西装的穿着之道，究竟如何穿西装才能穿得得体呢？

1.寻找适合你的颜色

其实男性对于色彩比女性迟钝，而服装合理搭配的关键在于色彩的选择。专家们按发色、肤色及眼睛的颜色把男士们分为四类，每一种类型的男士都有相应的适合的色彩搭配，我们不妨参照一下。

（1）深色型

这类男士有暗色的头发和眼睛，黄色到棕黑色的东方肤色，比较符合国人的特征。

这类人选择深色的西装，对比强烈的色彩搭配更能显得健康有生气。时下流行的炭灰色（纯一色、编织细密）以及炭褐色、深蓝色（纯一色或带素色斑点、条纹）、深橄榄色西装都是不错的选择。

（2）淡色型

面孔白皙，浅色头发和眼睛的男士需注意西装色彩不必过深过灰，或采用过渡色衬衫等调节平衡，以免影响面色。单一色或夹灰色条纹的西装会令你显得优雅，炭色、浅蓝色、灰色以及褐色系列都是可选的。

（3）明净型

本身色调对比很强烈，头发、眼睛色彩很深，皮肤却白皙，这种男士适合色彩鲜艳、色调丰富的衣服。单一色或有对比强烈条纹的西装，炭灰色、藏青色、炭棕色以及深橄榄色或深绿色都比较适合。

（4）暗色型

这类男士看来比较缺乏特征，头发、眼睛、肤色都比较中庸，不大起眼，但选择中暗色服饰可以体现出优雅气度。可试试中性一些的色调以及带有同色斑点的西装，炭灰色、浅藏蓝、灰绿、灰褐色、炭蓝绿等都可以。

2.不必太新潮

除非你参加文艺节目，或手头阔绰喜欢追潮流。太新潮的装束也许会让女同事们感觉有个性，但必然遭到男同事和上司的反感。因为，这样装束给人有叛逆感。虽然，现代企业对于人们着装的包容度有所提高，但橙红、苹果绿等舞台西装还是给人离经叛道的印象，还是保守一点好。

如果你身材不太好，修身西装就不太合适；如果肩部下溜，还是选择传统厚垫肩吧；如果脖子较短，别选择小领型；四粒扣已经够新潮了，在比较讲究的环境中，就别想六粒扣那样扎眼的款了；再有，明线口袋虽时尚，但一般只适合比较随便的场合。

虽然机器的加工已经很不错，但西服的一些部分还是手工制作的好。

首先，度身裁衣的西装合体程度是成衣不能相比的，在缝衣领、作衬里、袖子方面，好裁缝的手艺是无可代替的。再看西装的衬里和表层能否分开，如果不能，那么这两层就是用机器贴压在一起的，这种方法既快又便宜。如果其间是用胶粘在一起，就更糟，这种衣服穿到后来，衣襟会皱在一起，还没办法还原，因此尽量别选这种。注意看西装的线缝和口袋是否对齐，尤其是细条纹西装，关键部位是否匀称是观察西装质量的要点。

在面料上，应该先考虑天然面料，不要选择不透气的人造纤维，否则你会有在蒸笼中生活的感觉。毛料当然是首选，除非是夏装，况且轻薄的毛料也比全棉、亚麻或真丝面料更有面子，也更挺括、耐穿。

总体来讲，男士着装要着重注意如下四项：

1. 不同风格的男装不要随意搭配

比如休闲风格的牛仔就不要和西装搭配在一起。这样搭配，就会互相冲突，自相矛盾。因此，为使你的着装不会失败，就不要将多种风格的服饰同时组合搭配。

2. 衣冠不整洁

衣冠不洁不整是男性包装的大忌，也往往是许多男士的通病。也许有些男士会提出抗议，但请你注意一下你周围，不乏衣领有污垢、头发油腻之人。这里的整洁不单指服饰的整洁，也包括男士自身的卫生。男装服饰的整洁是男士着装成功的一半，这话虽有点夸大其词，但它却能提醒男士注意——整洁是包装自己的重要内容之一。

3.服装的质地和品质是身份的象征

男装款式力求简洁，所以质地和品质更加重要。质地和品质可以看出主人对生活品质的要求，也可以反映出一个人的品味格调，因此需要加以注意。服装的质地以纯天然的质料为主，用料要求密实、熨帖。服饰的标签在穿着的时候一定要注意取下，不要造成笑话。

4.款式和颜色要求低调

这样可以塑造出男性成熟稳重的气质，让人产生信任感。

西装领带配饰的穿着细节

纵横商场的男士，一身笔挺、做工考究的西装总能博得众人的眼球。然而，看似简洁的西装，却是最需要注重细节的服装。

1.单件上装和套装

西装有单件上装和套装之分，套装又分两件套和三件套。如果是三件套西装，在很正式的场合不可脱下外衣。半正式场合，如一般性会谈、访问、较高级会议和白天举行的比较隆重的活动时，应着套装，但也可视场合气氛在服装色彩图案上大胆一些，如花格呢、粗条纹、淡色的套装等。但在正式场合，如宴会、正式会谈、正式典礼及特定的晚间商务应酬活动时，必须穿着颜色素雅的套装，以深色、单色最为适宜，花格、五彩图案的选择是不合时宜的。1983年6月，里根出访欧洲四国时，就曾因穿了一套格子西装而引起一场轩然大波，因为按照惯例，在正式的外交场合应着黑色礼服，以示庄重。

2.纽扣的重要作用

西装的纽扣除实用功能外，还有很重要的装饰作用。西装有单排扣和双排扣之分。单排扣又有单粒扣、双粒扣、三粒扣之别。在非正式场合，一般可不系扣，以显示潇洒飘逸的风度；但在正式商务应酬场合，要求将实际纽扣的单粒扣、双粒扣的第一粒和三粒扣的中间的一粒系上；而双粒扣的第二粒和三粒扣的第一、三粒都是样扣，不必扣上。双排扣则有四粒扣和六粒扣之别，上面的两粒或四粒都是样扣，不必扣上。

3.西裤的正确穿法

西裤作为西服整体的另一个主体部分，要求与上装互相协调，以构成和谐的整体。西裤立裆的长度以裤带的鼻子正好通过胯骨上边为宜，裤腰大小以合扣后伸入一手掌为标准，裤长以裤脚接触脚背最为适合。西裤穿着时，裤扣要扣好，拉锁全部拉严。西裤的裤带一般在2.5~3厘米的宽度较为美观，裤带系好后留有皮带头的长度一般为12厘米左右，过长或过短都不合美学要求。

4.衬衫的正确穿法

穿西服，衬衫是个重点，颇有讲究。一般来说，与西服配套的衬衫必须挺括、整洁、无皱褶，尤其是领口。西装穿好后，衬衫领应高出西装领口1~2厘米，白领露出部分与袖口露出部分应呼应，可有一种匀称感。在商务应酬场合，不管是否与西装合穿，长袖衬衫的下摆必须塞在西裤里，袖口必须扣上，不可翻起。不系领带时，衬衫领口可以敞开；如系领带，应着有衬硬领的衬衫，领围以合领后可以伸入一个手指头为宜。衬衫袖长应比西装上装衣袖长出1~2.5厘米，这样可以避免西装袖口受到过多的磨损。用白色衬衫衬托西装，显得更干净、利落，活泼有生气。夏季着短袖衬衫时，一般也应将下摆塞在裤内，但着无衬软领短袖衬衫例外。

5.领带的选择

领带是西装的重要装饰品，在西装的穿着中起画龙点睛的作用。

领带的种类很多，大体分为一般型领带和变化型领带两种。一般型领带有活结领带、方形领带、蝴蝶结领带；变化型领带有阿司阔领带、西部式领带、线环领带等。从领带面料分，有毛织、丝质、化纤几种。从花型上分，又有小花型、条纹花型、点子花型、图案花型、条纹图案结合花型、古香缎花型等。领带选用丝质的为上乘，使用最多的花色品种是斜条图案领带。这种领带分美式、英式两种，其区别在于斜条图案的走向正相反：美式从左上斜到右下，英式从右上斜到左下。穿英、法式西服配英式领带，穿美、意式西服配美式领带，不宜互相错用。

6.领带的系法

商务应酬场合，都应系扎领带。领带的扎法也很有讲究，一般是扣好衬衫衣领扣子后，将领带套在衣领外，然后将宽的一片稍稍压在领角下，抽拉另一端，领带就自然夹在衣领中间，而不必把领子翻立起来。扎系领带必须保证领带的绝对干净，其结要工整。如果脏污、旧损或歪斜松弛，不如不扎好。因为扎系领带是为了进一步表明精神、尊严和责任。领结是系领带最重要的部分，各种不同的系法可以得到不同大小形状的领结，可视衬衫领子的角度选择你所喜欢的领带系扎方法。但不论哪种系扎方法，领带系好后，两端都应自然下垂，上面宽的一片必须略长于底下窄的一片，绝不能相反，当然上片也不宜长出许多，致使带尖压住裤腰甚至垂至裤腰之下而不雅。如有西装背心相配，领带必置于背心之内，领带尖亦不可露于背心之外。领带的宽度不宜过窄，过窄会显得小气，应与人的脸形及西装领、衬衫硬领的宽度相协调。

7.领带结的打法

（1）平结

平结为最多男士选用的领结打法之一，几乎适用于各种质地的领带。要诀是，结下方所形成的凹洞需让两边均匀且对称。

（2）交叉结

这是对于单色素雅质料且较薄领带适合选用的领结。对于喜欢展现流行感的男士不妨多使用"交叉结"。

（3）双环结

一条质地细致的领带再搭配上双环结颇能营造时尚感，适合年轻的上班族选用。这种领结的特色就是第一圈会稍露出于第二圈之外，别刻意给盖住了。

（4）温莎结

温莎结适合用于宽领型的衬衫，该领结应多往横向发展。应避免质料过厚的领带，领结也勿打得过大。

（5）双交叉结

这样的领结很容易让人有种高雅且隆重的感觉，适合正式之活动场合选用。该领结应多运用在素色且丝质的领带上，若搭配大翻领的衬衫不但适合且有种尊贵感。

（6）领带夹

领带夹包括领带棒、领带夹、领带针、领带别针等，有各种型号，主要功能是固定领带，并不应突出其装饰的功能。除经常做过大幅度的动作，或者用领带夹作为企业标志时用领带夹外，其他情况最好不用领带夹。佩戴时应注意，领带夹的位置不能太靠上，以从上往下数衬衫的第四粒和第五粒纽扣之间为宜。西装上衣系好扣子后，领带夹是不应被看见的。

8.手帕、衣袋等细节

（1）手帕

西装手帕的整理也很重要。西装手帕起装饰作用，是以熨烫平整的各种单色手帕折叠而成的，式样很多，如三角形、三尖峰形、任意形和V形等。别插于西装的上衣口袋，根据不同场合需要，变化成各种图形。在商务应酬中，装饰手帕使用得当，能起到画龙点睛、锦上添花的效果。

（2）衣袋

西装衣袋的整理同样重要。上衣两侧的两个衣袋只作为装饰用，不宜装东西；上衣胸部的衣袋是专装手帕之用的，而票夹、笔记本、笔等物品可置于上衣内侧衣袋。西裤的左右插袋和后袋同样不宜放鼓囊之物，以求臀围合适，裤型美观。

9.西装、衬衫、领带的搭配

正确选用西装、衬衫和领带后，尤应注意三者间的和谐搭配。整体协调会更使你风度翩翩，格外优雅。按一般规律，深色西装配穿白色衬衫，从来就是最合适的搭配。如果杂色西装，配以色调相同或近似的衬衫，结果也可能不坏。但带条纹的西装不可配以方格的衬衫，反之亦然。因为条条加块块，给人以散乱的感觉。总之，人们的一般思路是，衬衫和西装在色调上要成对比，西装颜色越深衬衫越要明快，同时也不能忘了领带的映衬作用。西装的色调深沉稳重，领带的颜色不妨相对明快；而西装的色调朴实淡雅，领带则必须华丽而又明亮，否则看上去会是模糊不清，尤其当衬衫的颜色也不明快时。当然，这也不是绝对的，假如西装与领带的色调一致，只要两者在颜色上有深浅变化，成为互补；或两者成对比色，且这种对比又是整套西装中唯一的对比，也是有特殊效果的。这里要提醒注意的一点是：西装和领带的花纹（如条纹型）不能重复；即使两者花纹不一样，可以相配，但图案也不宜太大，否则看起来过于奇巧。

10.在礼仪场合，西装、衬衫、领带通常的搭配方法

（1）黑色西装，配白色或浅蓝色衬衫，系砖红色、绿色或蓝色调领带。

（2）中灰色调西装，配白色或浅蓝色衬衫，系蓝色、深玫瑰色、褐色、橙黄色调领带。

（3）墨绿色西装，配白色或银灰色衬衫，系银灰色、灰黄色领带。

（4）乳白色西装，配与红色略带黑色、砖红色或黄褐色调领带互补的衬衫会更显得文雅气派。

情景模拟：着装得体并尽量显出你的品位

场景　穿着西装

西装是一种国际性服装。一套合体的西装，可以使穿着者显得

潇洒、精神、风度翩翩。凡是正式场合，穿西装都应系领带。领带长度以碰到皮带头为宜，过长或过短的领带都会贻笑大方。而领带的图案与颜色除了搭配西装之外，还要考虑到出席的场合；严谨的商务场合避免图案过于花哨的领带，丧礼则宜系黑、深灰、蓝黑色领带。

参加人数：2~4人

训练目的：正确穿着西装，熟知着装礼仪。

训练要点：根据需求、季节和场合来选择适合自己的西装及相关配饰。

模拟准备：更衣室，西装、衬衫、领带、鞋子、袜子等。

得分要点：（满分100分）

1. 根据季节和场合来选择面料、款式、衬衫、领带等。（10分）

2. 西装袖子的长度以到手腕为宜，西装衬衫的袖长比西装袖子长出1~2厘米。（10分）

3. 衬衫的领子要挺括，系扣，不要将两粒纽扣全都扣上。（10分）

4. 西装的袖口和裤边都不能卷起。衬衫的下摆要束好。衬衫里面一般不要穿棉毛衫，天冷时，衬衫外面可穿一件羊毛衫。如果穿着羊毛衫，领带应放在羊毛衫内。（10分）

5. 系领带时，衬衫的第一个纽扣要扣好。如果使用领带夹，领带夹一般在第四五个纽扣之间。但在欧洲一些国家里，使用领带夹被当成一种坏习惯。领带长短适宜，并与整体着装相协调。（10分）

6. 穿西装一定要穿皮鞋。一般是黑色或棕色皮鞋。皮鞋要上油擦亮。（10分）

7. 袜子颜色的选择要得当。要避免西装搭配运动袜或白袜，或者在高尔夫球场等休闲场合穿着上班黑袜。在正式场合穿着西装，只需让袜子搭配鞋子的颜色，即黑色鞋配黑色袜子、咖啡色鞋配咖啡色袜子。（10分）

8. 西装的衣袋和裤袋里不宜放太多的东西，也不宜把两手随意插入衣袋和裤袋里。（10分）

9. 遵循西装扣子礼仪，即"坐时解扣、站时系扣"。这是男士基本的西装礼仪。扣扣子时，若男士所穿的西装只有一颗扣子，就直接扣好；如果是单排两颗扣的，只需要扣上面的一颗扣子就行；如果是单排三颗扣的西装，可以只扣中间的那颗扣子，也可以扣上面的两颗扣子；如果是双排扣西装，扣上与"内扣"对应的外扣即可。（20分）

第三章

商务接待："礼"定成败

在现代商务应酬中，商务人员要掌握接待礼仪，并要铭记于心，以实际行动给客户贴心的感觉，拉近与客户的心理距离，进而促成合作。商务人员在接待中要意识到客户的重要性，做到"迎人三步""身送七步"，否则容易给客户留下失礼的不良印象，甚至导致商务应酬前功尽弃。

商务往来之迎送礼

迎接和送别是常见的社交礼节。在商务往来中，对于如约而来的客人，特别是贵客或远道而来的客人，表示热情、友好的最佳方法，就是要指派专人出面，提前到达双方约定的或者是适当的地点，恭候客人的到来。

若客人来自外地或海外，接待人员应专程提前赶往机场、码头或火车站，迎接客人的到来。对外国来访的客人，通常应视其身份和访问性质，以及两国关系等因素安排相应的迎送活动，无论是个人还是团体均应首先确定接待规格。按照国际惯例，主要负责迎送人通常都要同来宾的身份相当，主人身份总要与客人相差不大，同客人对口、对等为宜，也有从发展两国关系或从当前政治需要出发，破格接待，安排较大的迎送场面。

迎接人员应准确掌握来宾抵达的时间，提前到达机场、码头或车站的站台，以表示对来宾的尊重。对外国的国家元首、政府首脑和军方领导人的来访，通常要安排盛大的欢迎仪式，而对一般身份的个人或团体则不必如此。

如果是身份较高的客人，应事前在机场（车站、码头）安排好休息室、备好饮料。最好在客人到达前就把房间和乘车表告知客人。若做不到，应在客人到达后立即将住房和乘车表告诉客人，或请对方联络人转达。如有必要，应指派专人按规定协助客人办理入境手续及机（车、船）票和行李提取等事宜。在迎候地点人声嘈杂或客人甚多，可事先准备好一块牌子，上书"欢迎来访××"也可以准备一些小旗子，这样可以使客人一目了然，便于寻找主人。

客人抵达后，若宾主早已认识，双方直接行见面礼；若是初次见面，一般由礼宾人员或我方迎候人员中身份最高者，率先将我方迎候人员按一定顺序——介绍给客人，然后再由客人中身份最高者，将客人按一定顺序——介绍给主人。若来宾系贵宾，可安排献花仪式。宾主相互介绍后，可进入机场、港口、车站的贵宾接待室，请客人休息一会儿，也可以陪同他们直接坐专车前往住宿处。若来宾系一般身份，主人可主动帮助客人提取行李，但是不要主动要求帮助男宾拿公文包、帮助女宾拿手提包。如果主人陪车，应请客人坐在主人的右侧；如果是三排座的轿车，译员坐在主人前面；如果是双排座，译员坐在司机旁边。上车时最好客人从右侧门上车，主人从左侧门上车，避免从客人座前穿过。到达后，不要马上安排活动，要给外宾留下充足的洗澡、更衣、休息的时间。迎候人员可暂时离去，走前应告诉外宾下一步的活动计划，并征得同意。应当为外宾留下联系的电话号码，以便及时提供帮助。

在迎接外宾的整个过程中，迎候人员应始终面带微笑，以表示欢迎之意，不要故作矜持而一语不发。

对于来自本地的客人，接待人员一般应提前在本单位住地的大门口或办公楼下迎候客人。待客人的车辆驶近时，应面带微笑，挥起右臂轻轻地晃动几下，以示"我们在此已经恭候多时了，欢迎您的光临"之意。若来宾德高望重或是一位长者的话，接待人员则应在对方的车子停稳之后，疾步上前，为之拉开车门，并同时伸出另一只手挡住车门的上框，以协助对方下车。在来宾下车之后，迎候人员应按照身份的高低，依次上前，与对方人员一一握手，并同时道一声："欢迎光临！"或是"欢迎，欢迎！"若对方此刻到场的人员较多，则应有专人出面，按照有关礼仪规范，为双方人员引见、介绍。接待来宾时介绍的顺序是先介绍主人，后介绍客人。若宾主双方需要介绍的人员较多，则应依照身份的高低顺序，先将己方人员的姓名、职务一一介绍给来宾，再将来宾一一介绍给己方人员。彼此见面后，即由接待人员引导到预定的会客室。

有迎接就有送别，人与人之间、企业与企业之间正是通过迎来送往，逐渐建立合作关系。

送别客人和迎接客人一样，也是非常重要的环节。当客人告辞时，应起身与客人握手道别。对于本地客人，一般应陪同送行至本单位楼下或大门口，待客人远去后再回单位。

如果是乘车离去的客人，一般应走至车前，接待人员帮客人拉开车门，待其上车后轻轻关门，挥手道别，目送车远去后再离开。

对于外来的客人，应提前为之预订返程的车票、船票或机票。送别外宾，要按照迎接的规格来确定送别的规格，主要迎候人应参加送别活动。一般情况下送行人员可前往外宾住宿处，陪同外宾一同前往机场、码头或车站，也可直接前往机场、码头或车站恭候外宾，必要时可在贵宾室与外宾稍叙友谊，或举行专门的欢送仪式。

在外宾临上飞机、轮船或火车之前，送行人员应按一定顺序同外宾一一握手话别，祝愿客人旅途平安并欢迎再次光临。飞机起飞或轮船、火车开动之后，送行人员应向外宾挥手致意，直至飞机、轮船或火车在视野里消失，送行人员方可离去。不可以在外宾刚登上飞机、轮船或火车时，送行人员就立即离去。

商务来访之接待礼

拜访是很多企业员工的一项经常性的工作。在拜访中的礼仪表现，不仅关系到自己的形象，还关系到企业形象。所以，接待来访的礼仪历来都受到重视。

对来访者，应起身握手相迎，对上级、长者、客户来访，要起身上前迎候。对于不是第一次见面的同事、员工，可以不起身，不能让来访者坐冷板凳。如果自己有事暂不能接待来访者，要安排助理或相关人员接待客人，不能冷落了来访者。

来访者都是为有事而来，因此要尽量让来访者把话说完，并认真倾听来访者的叙述。对来访者的意见和观点不要轻率表态，应思考后再做，对一时不能作答的，要约定一个时间后再联系。对能够马上答复的或立即可办理的事，应当场答复，迅速解决，不要让来访者等待，或再次来访。

正在接待来访者时，有电话打来或有新的来访者，应尽量让助理或他人接待，以避免中断正在进行的接待。对来访者的无理要求或错误意见，应有礼貌地拒绝，而不要刺激来访者，使其尴尬。要结束接待，可以婉言提出借口，也可用起身的体态语言告诉对方本次接待就此结束。

商务人士的绝大多数工作时间都是在办公室中度过的，无论是在自己的办公室办公，还是在客户的办公室谈业务，总之，办公室与商务人士密切相关。如何才能在办公室中工作顺心，处理业务如鱼得水呢？掌握好办公室礼仪，能让自己有一个良好的工作环境，为取得更佳的工作业绩打下基础。

办公室是企业的门面，是来访者对企业的第一印象。办公室的布置不同于家庭、酒店的布置，它的设计风格应该是严肃、整洁、高雅、安全。

办公室内应保持整洁。地板、天花板、走道经常打扫，玻璃、门窗、办公桌擦洗干净明亮。桌面只放些必要的办公用品，且摆放整齐。不要将杂志、报纸、餐具、小包等物放在桌面上。废纸应扔入废纸篓里。文件应及时按类按月归档，装订整理好，放入文件柜。在办的文件下班后也应锁入办公桌内。办公室内桌椅、电话机、茶具、文件柜等物的摆设应以方便、高效、安全为原则。办公桌上的玻璃板下，主要放与工作有关的文字及数字资料，不应放太多的家人照片，因为办公室内需要的是严肃、高效而不是温馨。

迎来送往，是商务应酬接待活动中最基本的形式和重要环节，是表达主人情谊、体现礼貌素养的重要方面。尤其是迎接，是给客人良好第一印象的最重要工作。给对方留下好的第一印象，就为下一步深入接触打下了基础。

迎接客人要有周密的部署。

第一，对前来访问、洽谈业务、参加会议的外国和外地客人，应首先了解对方到达的车次、航班，安排与客人身份、职务相当的人员前去迎接。若因某种原因，相应身份的主人不能前往，前去迎接的主人应向客人做出礼貌的解释。

第二，主人到车站、机场去迎接客人，应提前到达，恭候客人的到来，决不能迟到让客人久等。客人看到有人来迎接，内心必定感到非常高兴；若迎接来迟，必定会给客人心理留下阴影，事后无论怎样解释，都无法消除这种失职和不守信誉的印象。

第三，接到客人后，应首先问候"一路辛苦了""欢迎您来到我们这个美丽的城市""欢迎您来到我们公司"等。然后，向对方作自我介绍，如果有名片，可送予对方。

第四，迎接客人应提前为客人准备好交通工具，不要等到客人到了才匆匆忙忙准备交通工具，那样会因让客人久等而误事。

第五，主人应提前为客人准备好住宿，帮客人办理好一切手续并将客人领进房间。同时向客人介绍住处的服务、设施，将活动的计划、日程安排交给客人，并把准备好的地图或旅游图、名胜古迹等介绍材料送给客人。

第六，将客人送到住地后，主人不要立即离去，应陪客人稍作停留，热情交谈，谈话内容要让客人感到满意，比如客人参与活动的背景材料、当地风土人情、有特点的自然景观、特产、物价等。考虑到客人一路旅途劳累，主人不宜久留，让客人早些休息。分手时将下次联系的时间、地点、方式等告诉客人。

此外，接待客人要注意以下几点：

1. 客人要找的负责人不在时，要明确告诉对方负责人到何处去了，以及何时回本单位，请客人留下电话、地址，明确是由客人再次来单位，还是我方负责人到对方单位去。

2. 客人到来时，我方负责人由于种种原因不能马上接见，要向客人说明等待理由与等待时间。若客人愿意等待，应该向客人提供饮料、杂志；若可能，应该时常为客人换饮料。

3. 接待人员带领客人到达目的地，应该有正确的引导方法和引导姿势。

4. 诚心诚意地奉茶。我国人民习惯以茶水招待客人，在招待尊贵客人时，茶具要特别讲究。倒茶有许多规矩，递茶也有许多讲究。

接待人员要品貌端正，举止大方，口齿清楚，具有一定的文化素养，受过专门的礼仪、形体、语言、服饰等方面的训练。

接待人员服饰要整洁、端庄、得体、高雅；女性应避免佩戴过于夸张或有碍工作的饰物，化妆应尽量淡雅。

如果来访者是预先约定好的重要客人，则应根据来访者的地位、身份等确定相应的接待规格和程序。在办公室接待一般的来访者，谈话时应注意少说多听，最好不要隔着办公桌与来人说话。对来访者反映的问题，应做简短的记录。

商务交流之会见礼

在商务往来中，会客是最常见的商务事宜。凡身份高的人会见身份低的人称为接见；身份低的人会见身份高的人称为拜会。接见和拜会在我国统称为会见。

会谈是指双方或多方就某些重大的政治、经济、文化、军事问题以及其他共同关心的问题交换意见。它的内容较为正式，专业性比较强。在涉外活动中，东道主大都会根据外国来访者的身份和访问的目的，安排相应的有关部门负责人与之进行礼节性会见。若是涉及专业问题，则需要双方进行相应的正式会谈。

现今高速发展的社会中，工作紧张，预约通常是会见对方的确保手段。想要拜会一方，应提前将自己的姓名、职务通知对方。接到要求的一方应尽早予以答复，无故拖延、置之不理是欠妥的，是不礼貌的。如不能如期会见，应向对方解释，会谈亦如此。

在接到要求方同意要求时，可主动将会见或会谈时间、地点、人员通知对方。会见与会谈地点一般都设在会客室或办公室。

会见中座位的安排是这样的：主人坐在左边，主宾坐在右边，译员和记录员坐在主人和主宾的后面。双方其他人员各自按一定的顺序分别坐在左右两侧，主方为左，客方为右。座位不够可在后排加座。

双方会谈时一般使用长方形的桌子。宾主相对而坐，各自坐在桌子的一边，以正门为准，主人占背门一侧，客人面向正门。主人与主宾应坐在正中间，译员坐在交谈人右侧，其他人按礼宾顺序左右排列，记录员可安排在后面。有的国家把译员也安排在后面。

如会谈桌的一端对着正门，应以进门的方向为准。右为客方，左为主方。

小范围的会谈可不摆放会谈桌，按照会见时座位的排列摆放沙发即可。举行多边会谈时，可把座位摆成圆形或正方形，使其无尊卑可言。

会见、会谈座位的排列十分重要，所以要提前在现场预备好中外文的座位标签。

主人应在会见或会谈开始之前到达，可以在正门门口迎候客人，也可以在会客室的门口迎候，由工作人员负责把客人引入会客室。待宾主双方进入会客室后，工作人员负责关好门并退出现场。若安排会见或会谈的双方合影留念，应在宾主见面握手之后。合影完毕。主人请客人首先入座或双方一起就座，主人不可以自己抢先坐下。会谈或会见结束时，主人应将客人送至车前或门口握别，目送客人离去后再退回室内。

在会见或会谈中，旁人不要随意进出。主谈人交谈时，其他人员不得交头接耳，或翻看与此无关的材料。不允许打断他人的发言，或使用人身攻击的语言。

洽谈见面之介绍礼

在与客户的交往中，第一印象的好坏往往决定客户对自己的判断，而介绍是商务应酬中相互熟识的最常见的方式。如何才能给对方留下好的印象？这就需要我们掌握介绍的相关礼仪。

1. 自我介绍

顾名思义，自我介绍就是把自己介绍给别人。在商务应酬的场合，我们想要结识一个人，或者当你随着朋友来到一个陌生人身边，可是你的朋友却没有介绍你的时候，就需要自我介绍了。

自我介绍一般的方法是首先主动和对方握手，然后说出你的名字："你好，我是王辰。我在双飞计算机公司工作。……"一般来说，自我介绍要包括打招呼，说出你的名字和你的工作。

自我介绍的方式要根据场合而改变。比如说你去参加一个宴会却迟到了，这时候你就要主动到主人面前道歉，然后再作自我介绍。

如果你并不认识对方但是又想结识对方，这个时候你可以说："您好，请问您是哪位？"等到对方介绍完自己，然后再作自我介绍。自我介绍的时候注意声音要清晰，要让对方听清楚，态度不可忸怩。

自我介绍最重要的一点是要注意分寸。不可喋喋不休长篇大论，也不要过多地提到你的职位和财务情况，这样让人厌烦。除此之外，自我介绍不要过分热情，否则会让人感到你是要推销什么。

2. 给他人作介绍

为他人介绍要注意很多问题，首先要了解双方的背景。在了解双方的背景的情况下，简短地说明一下双方的情况。包括双方的姓名、职业等。最好可以找出双方的共同点，比如两人共同的爱好，或者来自同一个地方等，都可以让两个人尽快熟悉起来。当两个人交谈开来，你就可以离开了。记住介绍别人的时候不要过多地牵涉到自己，提到自己的地位、身份等都是不礼貌的。比如说，你介绍一个人，说他在你手下工作，这就暗示了你的地位，容易让人产生抵触情绪。

需要注意的是，不要过多评价一个人，特别是你拿不准的时候，否则当这个朋友出现了问题，就是需要你承担责任的时候了。但是真诚的称赞可以对对方产生很大的影响，令双方尽快熟悉。比如说："幸亏王辰，我们的工作才会完成的这么顺利。"令被介绍的一方很容易给人留下良好的印象。

3. 介绍顺序很重要

介绍他人的时候要注意介绍的顺序。一般来说，国际上公认的顺序是：第一，将男性介绍给女性；第二，将年轻者介绍给年长者；第三，将职位低的人介绍给职位高的人；第四，将客人介绍给主人；第五，将晚到者介绍给早到者。如果被介绍的客人同时具备以上五个原则中两个以上的原则的时候，我们应该按照后一个原则来介绍。例如，当一个晚到的女客人遇到一个早到的男客人的时候，你就需要把晚到的女客人介绍给男客人；当一个年轻的女子遇到一个年长的男子的时候，就要把女子介绍给长者。

但是，介绍的顺序应该注意场合。如果是严肃的工作场合，就要按照职位的高低来判断，把职位低的人介绍给职位高的人。而对于公司的客户，你要注意，客户永远都是上帝，就算是一个公司的总裁面对一个普通的客人，你也要把总裁介绍给客人。

为他人作介绍的时候，要注意自己的肢体动作，你要站在要介绍的二人之间，向哪个人作介绍的时候面孔和身体都要微微倾向于那个人。然后把手指向要介绍的人，一边指一边说你要介绍的内容。此时需要注意的问题是千万不要用一根手指来指向某人，因为这是一种十分不礼貌的行为。

4. 如何应对介绍

当别人把一个人介绍给你的时候，你要注意自己的反应。你要微笑着注视对方的眼睛，然后伸出你的手。同时，可以说："你好，很高兴认识你。"或者还可以加上一两句表示友好的话。注意你此时的态度，一定要认真、友好，不能东张西望、心不在焉。此时的走神对对方来说是一种侮辱和忽视，是一种对他人的不尊重行为，可以让对方对你产生十分强烈的厌恶感。

如果别人介绍你的时候加上对你的夸奖，你要及时表示自己的谦逊，但是不可过分，和介绍人谦虚起来忽略了介绍的对象。

5. 称谓要得体

合宜的称呼不仅可以拉近两个交谈者的距离，而且可以体现一个人的教养和学识。而不合适的称呼却可以让对方反感甚至产生误会，导致交往的破裂。那么在称谓上我们要知道些什么呢？

在商务应酬中，一般人很容易忽视名字的重要性。大家很习惯接过对方的名片，看了对方的职务，看了对方的公司，就是没有注意对方的名字是什么。其实在人际交往中，记住一个人的名字是对他人最起码的尊重。

卡耐基强调记住别人名字的重要性。记住对方的名字，并把它叫出来，等于给对方一个很巧妙的赞美。而若是把他的名字忘了，或写错了，就会处于非常不利的地位。

加州洛可派洛魏迪斯的凯伦·柯希，是一位环球航空公司的空服员，她经常练习去记住机舱里旅客的名字，并在为他们服务时称呼他们。这使得她备受赞许，有直接告诉她的，也有跟公司说的。有位旅客曾写信给航空公司说："我好久没有搭乘环球航空的飞机了，但从现在起，一定要环球航空的飞机我才搭乘。你们让我觉得你们的航空公司好像是专属化了，而且这对我有很重要的意义。"

一个最单纯、最明显、最重要的得到好感的方法，就是记住别人的姓名，使别人觉得重要——但我们有多少人这么做呢？

我们应该注意一个名字里所能包含的奇迹，并且要了解名字是完全属于与我们交往的这个人，没有人能够取代。

名字能使人出众，它能使他在许多人中显得独立。我们所提的要求和我们要传递的信息，只要我们从名字这里着手，就会显得特别的重要。不管是女侍或总经理，在我们与别人交往时，名字会显示它神奇的作用。

因此，如果你要别人喜欢你，请记住这条规则："一个人的名字，对他来说，是任何语言中最甜蜜、最重要的声音。"

如何称呼他人？常见称呼别人的方法分为以下几种：

1. 一般性的称呼。这是最常见的对普通公众的称呼，包括先生、小姐、太太、夫人、同志、同学，等等。其中，对未婚女士统称为"小姐"，已婚女子称为"夫人"或者"太太"。如果不能判断她的婚姻状况，可以全部称为"女士"。而在工作场合，"女士"这种称谓也是普遍使用的。

2. 姓名称呼。这种称呼一般是在关系比较亲密或者年龄职务相仿的人之间使用的。而对于自己的上级或者长辈，这种称呼十分不礼貌，不要随便使用。

3. 职务头衔称呼。如"王经理""李局长"等。

4. 亲属称呼。如"李叔叔""王爷爷"等。生活中用的比较多，不要带到工作中，给人带来不好的印象。

5. 职业称呼。如"陈老师""服务员"等。

此外，在不同的地域国家，称呼他人的方式有所不同。在很多国家包括英国，都可以在职务后面加上"阁下"的称呼，但是在美国、德国和墨西哥等国家却没有这种称呼，在国际应酬中应该注意加以区别。

锦上添花之手姿礼

手姿，又叫手势。由于手是人体最灵活的一个部分，所以手姿是体语中最丰富、最具有表现力的传播媒介。手姿做的得体适度，会在应酬中起到锦上添花的作用。适当地运用手势，可以增强感情的表达。

古罗马政治家西塞罗曾说："一切心理活动都伴有指手画脚等动作。手势恰如人体的一种语言，这种语言甚至连野蛮人都能理解。"作为仪态的重要组成部分，手势应该正确地使用。

商务谈话时，有的人喜欢运用手势表情达意。但手势适可而止，不宜过多，动作不宜过大，更不能手舞足蹈。传达信息时，手应保持静态，给人稳重之感。拍拍打打、推推搡搡，抚摸对方或勾肩搭背，依偎在别人的身体上等行为，会让别人反感，也是不符合礼仪的行为。

不能用食指指点别人，更不要用拇指指自己。一般认为，掌心向上的手势有一种诚恳、尊重他人的含义；掌心向下的手势意味着不够坦率、缺乏诚意等；攥紧拳头暗示进攻和自卫，也表示愤怒；伸出手指来指点，是要引起他人的注意，含有教训人的意味。因此，在引路、指示方向等时，应注意手指自然并拢，掌心向上，以肘关节为支点，指示目标，切忌伸出食指来指点。在谈话中说到自己时，可以把手掌放在胸口上；说到别人时，一般应用掌心向上，手指并拢伸展开进行表示。

接物时，两臂适当内合，自然将手伸出，两手持物，五指并拢，将东西拿稳，同时点头致意或道声谢谢。递物时，双手拿物品在胸前递出，并使物体的正面对着接物的一方；递笔、刀剪之类尖利的物品时需将尖头朝向自己，摆在手中，而不要指向对方；不可单手递物。

不同的手势还可以表示不同的含义。列举如下：

1.跷大拇指手势

中国人对这一手势赋予积极的意义，通常用它表示高度的赞誉。寓意为："好！""第一！"等。但是在英国、澳大利亚和新西兰等国家，跷大拇指则是搭车的惯用手势。而在希腊，跷大拇指却是让对方"滚蛋"的意思。中国人在与希腊人交往时，千万不要用跷大拇指去称赞对方，那样一定会闹出笑话，甚至产生不愉快。

2.指点手势

在交谈中，伸出食指向对方指指点点是很不礼貌的举动。这个手势，表示出对对方的轻蔑与指责。更不可将手举高，用食指指向别人的脸。西方人比东方人要更忌讳别人的这种指点。

3.捻指手势

捻指就是用手的拇指与食指弹出"叭叭"的声响。它所表示的意义比较复杂：有时是表示高兴；有时表示对所说的话或举动感兴趣或完全赞同；有时则被视为某种轻浮的动作，比如对某人或异性"叭叭"地打响指。

在陌生的场合或不熟悉的人面前，轻易地捻指会使人觉得没有教养，碰到熟人打招呼时也来上一声捻指，也会使人觉得不舒服。总之，这是一种很随便的举止，慎用为好。

儒雅绅士之站姿礼

站立是人们商务应酬中的一种最基本的仪态。"站如松"是说人的站立姿势要像松树一样端直挺拔。正确健美的站姿会给人以挺拔笔直、舒展大方、精力充沛、积极向上的印象。

站姿的基本要领是：两脚跟相靠，脚尖分开45°～60°，身体重心放在两脚上。两腿并拢立直，腰背挺直，挺胸收腹。抬头挺直脖颈，双目向前平视，嘴唇微闭，面带微笑，微收下颌。站立时要注意：端正直立，不要无精打采、耸肩勾背、东倒西歪，不要倚靠在墙上或椅子上。在正式场合，不要将手插在裤带里或交叉在胸前。不抖腿，不摇晃身体，不东歪西靠，不要挺肚子，以免形体不雅观。由于性别方面的差异，男女的基本站姿又各有一些不尽相同的要求。对男子的要求是稳健，对女子的要求则是优美。

站姿可以随着场合进行调整。同别人交谈时，如果空着手，可双手在体后交叉，右手放在左手上。若身上背着背包，可利用背包摆出优雅的站姿。向长辈、朋友、同事问候或做介绍时，无论握手或鞠躬，双足应当并立，相距约10厘米，膝盖要挺直。等车或等人时，两足的位置可一前一后，保持45°，肌肉放松而自然，并保持身体的挺直。如果站立时间过久，可以将左脚或右脚交替后撤一步，其身体重心置于另一只脚上。但是上身仍需直挺，脚不可伸的太远，双腿不可叉开过大，尤其女性应当谨记，变换也不可过于频繁。双腿交叉，即别腿，也不美观。总之，站的姿势应该是自然、轻松、优美的，不论站立时摆何种姿势，只有脚的姿势及角度和手的位置在变，而身体一定要保持绝对的挺直。

在需要下蹲的时候，女士下蹲不要翘臀，上身直，略低头，双腿靠紧，曲膝下蹲。起身时应保持原样，特别穿短裙下蹲时更不要翘臀。对男士没有像对女士那样严格的要求，但也应注意动作的优雅。

保持优美站姿的注意事项：

1. 脊椎挺直，肩膀放松——站立时，背部脊椎务必挺直，头部拉高，下巴微缩，肩膀放松，使脖子到肩膀呈现自然优美的线条。

2. 随时提臀，收缩小腹——无须刻意挺胸翘屁股，站立时只要让自己的身体与地面垂直，腹部肌肉紧缩，让臀部出现紧实感，身体重量平均分布于两脚，即可达到仪态优雅与雕塑身体的效果。

3. 保持稳定，切忌摇晃——站姿不正确会让你有种手足无措手脚不知该放在哪里的感觉。请将双手自然下垂，调整呼吸，身体保持稳定状态，如此以来，你就可以站得很自然很舒服。切记！避免摇晃或抖动手脚，否则会给人一种轻浮的感觉。

4. 重心放在单脚上，另一只脚交叉在前——想要站得有女人味，就必须将身体重心放在单脚上。另一只脚交叉在前侧或放在斜后方，脚踝脚背尽量下压（注意！不要内八），稍微侧身，让身体呈现S形的线条，增添几许妩媚感。

5. 肩膀放松，收缩小腹——站立时身体不可过于僵硬，肩膀微微往后及向下放松，切记！一定要收缩小腹。

6. 手轻放在腰际间——单手轻放在腰际间，另一只手则自然下垂，显示出自信十足的感觉。

稳重优雅之坐姿礼

人们对坐姿的要求普遍是"坐如钟"，即坐相要像钟那样端正稳重。端庄优美的坐姿，会给人以文雅稳重、自然大方的美感。

坐姿的基本要领是：走到座位前，转身后把右脚向后撤半步，轻稳坐下，然后把右脚与左脚并齐，坐在椅上，上体自然挺直；头正，表情自然亲切，目光柔和平视，嘴微闭；两肩平正放松，两臂自然弯曲放在膝上，也可以放在椅子或沙发扶手上，掌心向下；两腿自然弯曲，两脚平落地面；起立时右脚先向后收半步然后站起。

一般来说，在商务应酬场合，要求男性两腿之间可有一拳的距离，女性两腿并拢无空隙。两腿自然弯曲，两脚平落地面，不宜前伸。在日常交往场合，男性可以跷腿，但不可跷得过高或抖动；女性大腿并拢，小腿交叉，但不宜向前伸直。

最为常用的坐姿有八种。

1. 正襟危坐式

又称最基本的坐姿，适用于最正规的场合。要求：上身与大腿，大腿与小腿，小腿于地面，都应当成直角；双膝双脚完全并拢。

2. 垂腿开膝式

多为男性所使用，也较为正规。要求：上身与大腿，大腿与小腿，皆成直角，小腿垂直地面；双膝分开，但不得超过肩宽。

3. 双腿叠放式

它适合穿短裙子的女士采用。（或处于身份地位高时场合）造型极为优雅，有一种大方高贵之感。要求：将双腿完全地一上一下交叠在一起，交叠后的两腿之间没有任何缝隙，犹如一条直线；双腿斜放于左右一侧，斜放后的腿部与地面呈45°夹角，叠放在上的脚尖垂向地面。

4. 双腿斜放式

适用于穿裙子的女性在较低处就座使用。要求：双膝先并拢，然后双脚向左或向右斜放，力求使斜放后的腿部与地面呈45°角。

5. 双脚交叉式

它适用于各种场合，男女皆可选用。要求是：双膝先要并拢，然后双脚在踝部交叉；交叉后的双脚可以内收，也可以斜放，但不宜向前方远远直伸出去。

6. 双脚内收式

适合一般场合采用，男女皆宜。要求：两大腿首先并拢，双膝略打开，两条小腿分开后向内侧屈回。

7. 前伸后屈式

女性适用的一种优美的坐姿。要求：大腿并紧之后，向前伸出一条腿，并将另一条腿屈后；两脚脚掌着地，双脚前后要保持在同一条直线上。

8. 大腿叠放式

多适用男性在非正式场合采用。要求：两条腿在大腿部分叠放在一起；叠放之后位于下方的一条腿垂直于地面，脚掌着地；位于上方的另一条腿的小腿则向内收，同时脚尖向下。

就座时，亦能体现出落座者有无修养。若是走向他人对面的座椅落座，可以用后退法接近属于自己的座椅，尽量不要背对自己将要与之交谈的人。为使坐姿更加正确优美，应当注意，入座要轻柔和缓，起立要端庄稳重，不可弄得座椅乱响；就座时不可以扭扭歪歪，两腿过于叉开，不可以高跷起二郎腿。若跷腿时悬空的脚尖应向下，切忌脚尖朝天。坐下后不要随意挪动椅子，腿脚不停地抖动。女士着裙装入座时，应用手将裙装稍稍拢一下，不要坐下后再站起来整理衣服。正式场合与人会面交谈时，身子要适当前倾，10

分钟左右不可松懈，不可以一开始就全身靠在椅背上，显得体态松弛。就座时，不可坐满椅子，但也不要为了表示过分谦虚，故意坐在边沿上。坐势的深浅应根据腿的长短和椅子的高矮来决定，一般不应坐满椅面的2/3以上。当然，去拜访长辈、上司、贵宾时，自然不宜在落座后坐满座位。

若是只坐座椅的1/2，那么对对方的敬意无形中溢于言表。这是利用坐姿来表示对他人的敬意的重要做法。坐沙发时，因座位较低，亦要注意两只脚摆放的姿势，双脚侧放或稍加叠放较为合适，避免一直前伸。要控制住自己的身体，否则身体下滑形成斜身埋在沙发里，显得懒散。更不宜把头仰到沙发背后去，把小腹挺起来。这种坐相显得很放肆，又极不雅观。坐在椅子上同左或右方客人谈话时不要只扭头，这时尽量侧坐，上体与腿同时协调地转向客人一侧。

座位高低不同时，坐姿也有不同要求。

低座位：轻轻坐下，臀部后面距座椅背约2厘米，背部靠座椅靠背；如果穿的是高跟鞋，坐在低座位上，膝盖会高出腰部，应当并拢两腿，使膝盖平行靠紧，然后将膝盖偏向对话者；偏的角度应根据座位高低来定，但以大腿和上半身构成直角为标准。

较高的座位：上身仍然要正直，可以跷大腿，其方法是将左腿微向右倾，右大腿放在左大腿上，脚尖朝向地面，切忌右脚尖朝天。

座位不高也不低：两脚尽量向后左方，让大腿和你的上半身成90°以上角度，两膝并拢，再把右脚从左脚外侧伸出，使两脚外侧相靠，这样不但优雅，而且显得文静而优美。

无论何种坐姿，上身都要保持端正。

端坐时应注意，双手不宜插进两腿间或两腿下。而"4"字形的叠腿方式，或是用手把叠起的腿扣住的方式，则是绝对禁止的。有失优雅风度的坐姿，如把脚藏在座椅下，甚至用脚勾着座椅的腿，这都是不礼貌的举动，均属避免之列。

亲切友好之握手礼

握手是生意场上常见的礼节。握手的力量、姿势与时间的长短，往往能够表达出不同礼遇与态度，显露自己的个性，给人留下不同的印象。

通过握手我们也可了解对方的个性，从而赢得交际的主动权。美国著名盲聋女作家海伦·凯勒曾写道，手能拒人千里之外，也可充满阳光，让你感到很温暖。事实也确实如此，因为握手是一种语言，是一种无声的动作语言。

通常与人初次见面、熟人久别重逢、告辞或送行均以握手表示自己的善意，因为这是最常见的一种见面礼、告别礼。有时在一些特殊场合，如向人表示祝贺、感谢或慰问时；双方交谈中出现了令人满意的共同点时；或双方原先的矛盾出现了某种良好的转机或彻底和解时，习惯上也以握手为礼。

1. 握手的顺序

在一般情况下，主人、长辈、上司、女士主动伸出手，客人、晚辈、下属、男士再相迎握手。

长辈与晚辈之间，长辈伸手后，晚辈才能伸手相握；上下级之间，上级伸手后，下级才能接握；主人与客人之间，主人宜主动伸手；男女之间，女方伸出手后，男方才能伸手相握；如果男性年长，是女性的父辈年龄，在一般的社交场合中仍以女性先伸手为主，除非男性已是祖辈年龄，或女性未成年在20岁以下，则男性的长者先伸手是适宜的。但无论什么人，如果他忽略了握手礼的先后次序而已经伸出了手，对方都应不迟疑地回握。

2. 握手的方法

握手时，距离受礼者约一步，上身稍向前倾，两足立正，伸出右手，四指并拢，拇指张开，向受礼者握手。

一般来说，掌心向下握住对方的手，显示着一个人强烈的支配欲，无声地告诉别人，他此时处于高人一等的地位，因而，我们应尽量避免这种傲慢无礼的握手方式。相反，掌心向里同他人握手的方式显示出谦卑与毕恭毕敬，如果伸出双手去捧接，则更是谦恭备至了。平等而自然的握手姿态是两手的手掌都处于垂直状态，这是一种最普通也最稳妥的握手方式。

握手时应伸出右手，不能伸出左手与人相握。戴着手套握手是失礼行为，一般情况下，男士在握手前先脱下手套，摘下帽子，女士可以例外。当然在严寒的室外有时可以不脱，比如双方都戴着手套、帽子，这时一般也应先说声："对不起。"握手者双目注视对方，微笑，问候，致意，不要看第三者或显得心不在焉。

如果你是左撇子，握手时也一定要用右手。当然如果你右手受伤了，那就不妨声明一下。

在商务应酬中，当介绍人完成介绍任务之后，被介绍的双方第一个动作就是相互握手致意。握手的时候，眼睛一定要注视对方的眼睛，传达出你的诚意和自信。千万不要一边握手一边东张西望，或者跟这个人握手还没完，就将目光移至下一个人身上，这样别人从你眼神里体味到的只能是轻视或慌乱。那么是不是注视的时间越长越好呢？并非如此，握手只需几秒钟即可，双方手一松开，目光即可转移。

3. 握手的力度

握手的力度要掌握好，握得太轻了，对方会觉得你在敷衍他；太重了，人家不但没感到你的热情，反而会觉得你是个大老粗。女士尤其不要把手软绵绵地递过去，显得连握都懒得握的样子。既要握手，就应大大方方地握。

如果要表示自己的真诚和热烈，也可较长时间握手，并上下摇晃几下。在商务应酬中，不要用双手抓住对方的手上下摇动，那样显得太谦恭，使自己的地位无形中降低了，完全失去了自己的风度。

被介绍之后，最好不要立即主动伸手。年轻者、职务低者被介绍给年长者、职务高者时，应根据年长者、职务高者的反应行事。即当年长者、职务高者用点头致意代替握手时，年轻者、职务低者也应随之点头致意。和女性握手，一般男士不要先伸手。

多人相见时，注意不要交叉握手。也就是当两人握手时，第三者不要把胳膊从上面架过去，急着和另外的人握手。

在任何情况下，拒绝对方主动要求握手的举动都是无礼的，这一点你要牢记。但手上有水或不干净时应谢绝握手，同时必须解释清楚并致歉。

恰当的握手是在应酬场合向对方表现自己的真诚与自信，接受别人和赢得信任的契机。

4. 握手的样式

握手的具体样式是千差万别的。了解一些握手的典型样式，既有助于我们通过握手了解交际对方的性格、情感状况、待人接物的基本态度，也有助于我们在人际交往中根据不同的场合、不同的对象去自觉地应用各种具体的样式。

（1）对等式握手

这是标准的握手样式。握手时两人伸出的手心都不约而同地向着对方，或者说是到了最后都不得不将手心向着对方。这样的握手多见于双方社会地位都不相上下时，由于双方都"试图"处于支配地位，通过"竞争"最后双方的手心在握住时不得不向着对方。这是一种单纯的、礼节性的表达友好的方式。

（2）双握式握手

美国人称政客式握手。据说在历届美国竞选总统时，几乎所有的竞选人都要以这种样式对上自亿万富翁，下至西部牛仔握手。其具体样式是，在用右手紧握对方右手的同时，再用左手加握对方的手背、前臂、上臂或肩部。使用这种握手样式的人是在表达一种热情真挚、诚实可靠，显示自己对对方的信赖和友谊。从手背开始，对对方的加握部位越高，其热情友好的程度显得也就越高。

（3）支配式握手

也称"控制"式握手，即用掌心向下或向左下的姿势握住对方的手。以这种样式握手的人想表达自己的优势、主动、傲慢或支配地位。一般来说，这种人说话干净利落，办事果断、高度自信，凡事一经自己决定，就很难改变观点，作风不太民主。在交际双方社会地位差距较大时，社会地位较高的一方易采用这种方式与对方握手。

（4）谦恭式握手

也叫"乞讨式"握手、顺从型握手。与支配式握手相对，用掌心向上或向左上的手势与对方握手。用这种样式握手的人往往性格软弱，处于被动、劣势地位。这种人可能处世比较民主、谦和、平易近人，对对方比较尊重、敬仰，甚至有几分畏惧。这种人往往易改变自己的看法，不固执，愿意受对方支配。

热情周到之迎宾礼

迎宾，简言之就是接待来宾。多数商务往来活动都会涉及到迎宾的环节。迎宾工作是否做到位，既是企业综合实力的体现，更是企业文化理念的折射。

1. 迎宾的仪式

迎宾所指的是在商务交往中，在有约在先的情况下，由主人一方出专人，前往来访者知晓的某一处所，恭候对方的到来。在一般情况下，迎宾仪式包括如下内容：

一是，宾主双方热情见面。

二是，向来宾献花。若来宾不止一人，可向每位来宾逐一献花，也可以只向主宾或主宾夫妇献花。向主宾夫妇献花时，可先献花给女主宾，也可以同时向男女主宾献花。

三是，宾主双方其他人员见面。依照惯例，应当首先由主人陪同主宾来到东道主方面的主要迎宾人员面前，按其职位的高低，由高而低，一一将其介绍给主宾。随后，再由主宾陪同主人行至主要来访人员的队列前，按其职位的高低，由高而低，一一将其介绍给主人。

四是，主人陪同来宾与欢迎队伍见面。

2. 迎宾的前期准备

在迎宾工作之中，要进行必要的先期准备，以求有备而行，有备无患。

第一，掌握基本状况。一定要充分掌握迎宾对象的基本状况，尤其是主宾的个人简况，如姓名、性别、年龄、籍贯、民族、单位、职务、职称、学历、学位、专业、专长、偏好、著述、知名度等。必要时还需要了解其婚姻、健康状况，以及政治倾向与宗教信仰。在了解来宾的具体人数时，不仅要务求准确无误，而且应着重了解对方由何人负责、来宾之中有几对夫妇等，以及来宾此前有无正式来访的记录。如果来宾，尤其是主宾此前进行过访问，则在接待规格上要注意前后协调一致。无特殊原因，一般不宜随意在迎宾时升格或降格。来宾如能报出自己一方的计划，如来访的目的、来访的行程、来访的要求等在力所能及的前提之下，应当在迎宾活动之中兼顾来宾一方的特殊要求，尽可能地对对方多加照顾。

第二，制订具体计划。一定要详尽制订迎接来宾的具体计划，有助于使接待工作避免疏漏，减少波折，更好地、按部就班地顺利进行。根据常规，它至少要包括迎送方式、交通工具、膳宿安排、工作日程、文娱活动、游览、会谈、会见、礼品准备、经费开支以及接待、陪同人员等各项基本内容。

单就迎宾而言，接待方亦应有备在先，最为重要的有五项内容，一是迎宾方式，二是迎宾人员，三是迎宾时间，四是迎宾地点，五是交通工具。

第三，确定迎宾方式。明确要不要搞迎宾活动，如何安排迎宾活动，怎样进行好迎宾活动。一定要精心选择迎宾人员，数量上要加以限制，身份上要大致相仿，职责上要划分明确。在迎宾工作中，现场操作进行得是否得当，乃是关键的一环。

第四，注意迎宾时间。要预先由双方约定清楚，要在来宾启程前后再次予以确认，要提前到达迎宾地点。

第五，确定迎宾地点。交通工具停靠站，如机场、码头、火车站、长途汽车站等；来宾临时下榻之处，如宾馆、饭店、旅馆、招待所等；东道主一方用以迎宾的常规场所，如广场、大厅等；东道主的办公地点门外，如政府大院门口、办公大楼门口、办公室门口、会客厅门口等。

前三类地点多用以迎接异地来访的客人，其中广场主要用以迎接贵宾。第四类地点也就是办公地点门外，则大多用以迎接本地来访的客人。

第六，确认来宾的身份。通常有四种方法可行。

（1）使用接站牌。使用接站牌时，牌子要正规、整洁，字迹要大而清晰，不要随便用纸乱写。尽量不要用白纸写黑字，让人感到晦气。接站牌的具体内容，有四种主要写法：一是"热烈欢迎某某同志"，二是"热烈欢迎某单位来宾的光临"，三是"某单位热烈欢迎来宾莅临指导"，四是"某单位来宾接待处"。

（2）使用欢迎横幅。

（3）使用身份胸卡。

（4）自我介绍。

在方便、务实的前提下，上述四种确认来宾的方法，可以交叉使用。

第七，施礼问题。在迎宾之时向来宾施礼、致意，最重要的是要做到下列四点：一是与来宾热情握手；二是同来宾主动寒暄；三是对来宾有问必答；四是为来宾服务周到。接到来宾后，在步出迎接地点时，迎宾人员应主动为来宾拎拿行李。不过，对于来宾手中的外套、提包或是密码箱，则没有必要为之"代劳"。

第八，引导问题。来宾的引导，指的是迎宾人员在接待来宾时，为之亲自带路，或是陪同对方一道前往目的地。在一般情况下，负责引导来宾的人，多为来宾接待单位的接待人员、礼宾人员、此事负责人，或是接待方与来宾对口单位的办公室人员、秘书人员。在宾主双方并排行进时，引导者应主动在外侧行走，而请来宾行走内侧。

若三人并行，通常中间的位次最高，内侧的位次居次，外侧的位次最低。宾主之位此时可酌情而定。在单行行进时，循例应由引导者行走在前，而使来宾行走于其后，以便由前者为后者带路。在出入房门时，引导者须主动替来宾开门或关门。此刻，引导者可先行一步，推开或拉开房门，待来宾首先通过。随之再轻掩房门，赶上来宾。出入无人控制的电梯时，引导者须先入后出，以操纵电梯。出入有人控制的电梯时，引导者则应后入先出，这样做主要是为表示对来宾的礼貌。

　　如果引导者与来宾坐轿车出行，宾主不同车时，一般应引导者坐车在前，来宾坐车居后；宾主同车时，则大都讲究引导者后登车、先下车，来宾先登车、后下车。在引导来宾时，切勿一味高谈阔论，免得来宾走神，当众跌跤失态。

商道合一之饮茶礼

　　茶是我国人最喜爱的饮品之一，亦成为商务应酬必备之物。在办公室接待来访者，以茶待客向来是我国的传统待客方式。专门举行茶话会招待来宾也是谈判活动中经常采用的方式。因此，掌握必备的饮茶礼仪是非常必要的。

　　在为客人沏茶之前，首先要洗手，并洗净茶杯或茶碗，要特别注意茶杯或茶碗有无破损或裂纹。残破的茶杯、茶碗是不能用来待客的。还要注意茶杯、茶碗里有无茶锈，有的话，一定要清洗掉。茶具以陶瓷制品为佳。

　　沏茶前，可事先征求客人意见，是喜欢红茶、绿茶还是花茶。

　　沏茶时，茶水不要沏得太浓或太淡，每一杯茶斟得八成满就可以了。正规的饮茶，讲究把茶杯放到茶托上，一同敬给客人，杯把要放在左边。若是饮用红茶，可准备好方糖，请客人自取。

　　喝茶时，不允许用茶匙舀着喝，而应直接端起茶杯、茶碗喝。

　　上茶时可由主人向客人献茶，或由招待人员给客人上茶。主人向客人献茶时，应起立，并用双手把茶杯递给客人，然后说一声"请"。客人亦应起立，以双手接过茶杯，道以"谢谢"。不要坐着不动，任主人为自己张罗。添水时亦应如此。

由招待人员上茶时，要先给客人上茶，而后再给己方人上茶。若客人较多，应先给主宾上茶。上茶的具体步骤是，先把茶盘放在茶几上，从客人右侧递过茶杯，右手拿着茶托，左手轻附在茶托旁边。若茶盘无处可放，应以左手拿着茶盘，用右手递茶，注意不要把手指搭在茶杯边上，也不要让茶杯撞在客人手上，或洒客人一身。如果妨碍了客人的工作或交谈，招待人员要说一声"对不起"。客人则应对招待人员的服务表示感谢。

如果用茶水和点心一同招待客人，应先上点心。点心应给每人上一小盘，或几个人上一大盘。点心盘应用右手从客人的右侧送上，待其用毕，即可从右侧撤下。

不论是主人还是客人，喝茶时只宜小口仔细品尝，切忌大口吞咽，发出声响。遇到漂浮在水面上的茶叶，可用杯盖拂去，或轻轻吹开，不可用手从杯中捞出扔在地上，也不要吃茶叶。

举行茶话会招待宾客时，通常在下午4时左右开始，设在客厅之内。准备好坐椅和茶几就行了，不必安排座次。茶话会上除饮茶外，可以上一些点心或风味小吃。

我国旧时有以再三请茶作为提醒客人应当告辞的做法，因此在招待老年人或海外华人时要注意，不要一而再、再而三地劝其饮茶。

我国向来讲究饮"功夫茶"，饮"功夫茶"也要遵循一定的礼仪。

饮"功夫茶"的步骤要求很严格。一般来说，正式场合饮"功夫茶"有11个步骤。

1.嗅茶

这个步骤主要是向客人介绍茶的品色，展示茶的品种，以及介绍该茶的特点及风味。

2.温壶

温壶是沏茶的第一步骤。平时应该检查茶具有无缺损，如有要及时更换。茶具完好即将少量开水冲入茶壶中，然后将水倒入茶船。

3.装茶

用茶匙把茶叶装入茶壶中，这样可以避免手中气味混入茶中。一般来讲，茶叶的装入量以半壶为宜。

4.润茶

用沸水冲入壶内，待壶满后用特别的竹筷子刮去壶面的茶沫，将水倒入茶船。

5.冲泡

冲泡才是正式泡茶。注意泡茶要用开水，但不要用煮沸的开水。

6.浇壶

泡好茶之后，盖上壶盖，为了使壶内壶外的温度一致，要在壶身外也浇上开水。

7.温杯

在泡茶的间隙过程中，利用这段时间用茶船中温茶润茶的水，漫浇一下小茶盅。

8.运壶

茶泡好后，倒茶前，应将茶壶提起在茶船边巡行数周，以免壶底水珠滴入茶盅。

9.倒茶

将小茶盅一字排开，提起茶壶由左而右，从右而左来回冲注，俗称"巡茶"。倒茶千万不要一杯倒满再倒下一杯，这样倒出的茶每杯浓度不均。

10.敬茶

主人将倒好的茶双手捧起，第一杯恭敬地献给在座的客人。如果客人不止一位，第一杯应捧给一位尊长者。

11.品茶

客人接过茶盅应细细品之，详观茶色，细闻茶香，小口品茶，尽享饮茶之乐趣，也可饮后赞美几句以示认可。

情景模拟：接待得体并尽量尽好地主之谊

场景一　接站住宿

参加人数：2人（迎接者、客人各1人）

训练目的：根据商务交往的需要，我们将指派人员到机场、码头或车站迎接宾客。

训练要点：迎接人员首先要清楚所接待人物身份、职务、年龄、性别等。将迎来送往视为接待活动中最基本的形式和重要的环节，是表达主人情谊、体现自身素养的重要方面。一定要在迎接时给客人留下良好的第一印象，为下一步深入地接触打下了良好的基础。

模拟准备：迎接客人之前要的周密布署。

得分要点：（满分100分）

1. 迎接客人前的准备工作要到位。比如，根据行程远近及客人下榻之地，提前准备好适当的交通工具。如果需要安排住宿，应在客人前往前就将房间订好。（20分）

2. 接站人提前到达，接到客人后主动、热情伸出手，握手问候并辅以必要的言语，比如“一路辛苦了！”“欢迎您来到我们美丽的XX城”……（20分）

3. 握手礼仪姿势要正确得当。握手的顺序遵循：主人、长辈、上司、女士主动伸出手，客人、晚辈、下属、男士的顺序。握手时轻重有度，一定要用右手握手要紧握双方的手，握手时间不宜过长或过短。过长容易给人虚伪之感，过短容易给人造成敷衍之感，一般以1~3秒为宜。在被人介绍之后，不立即主动伸出手。握手时，年轻者面对年长者或者职务低者对职务高者都应稍微欠身再相握手，以示尊重。握手时双目应真诚地注视对方，微笑致意或亲切问好。（20分）

4. 交换名片礼仪得当。商务活动中接待的多是合作伙伴，有的是初次见面，因此适时递上名片就成了沟通的良好开端。当你接待的客人是一位长者或尊者，在交换名片时一定要双手递上，身体略微前倾以示敬意，同时说“请多关照”之类的客套话。如果你是接名片的人，在双手接过名片后，应先将到手的名片仔细地看一遍，以示你的用心。切忌看也不看就将他人名片放入口袋。（20分）

5. 接到客人后，将客人送达目的地。在将客人送往事先安排好的住地后，不要立即离去，应该稍事停留，陪陪客人，热情交谈几句。但又要表示因考虑到客人舟车劳顿，一路辛苦主人不宜久留，起身告知，以让客人早些休息。在与客人分手时要将下次联系的时间、地点、方式等告诉客人。（20分）

以上为本环节得分要点，在实际表现中，接待人员应随机应变，灵活掌握。

场景二　接待来访

参加人数：参加人数：3人（大厅引导员、迎接者、客人各1人）

训练目的：根据商务交往的需要，指派专员负责接待访客。

训练要点：迎接人员首先要清楚所接待人物身份、职务、年龄、性别等。将迎来送往视为接待活动中最基本的形式和重要的环节，是表达主人情谊、体现自身素养的重要方面。一定要在迎接时给客人留下良好的第一印象，为下一步深入地接触打下了良好的基础。

模拟准备：迎接客人之前要做细致安排。

得分要点：（满分100分）

1. 大厅引导员接待礼仪。当大厅引导员看到有客人来访，应立即上前鞠躬问好并询问来访者是否有预约，然后致电经理或主管人员加以问询、核实后，引领来访者到指定地点。（25分）

2. 如需乘坐电梯，须对电梯礼仪熟练掌握。进电梯时接待者先行进入，用手挡住电梯门，客人再进入。下电梯时，接待者应让客人先下电梯，同时用手挡住电梯门。待客人走下电梯时再随后跟出。然后快步走在右前方，引领客人到达指定地点。（25分）

3. 办公室接待礼仪要正确得当。面对来访客人，应主动行握手礼，言语问候并与之交换名片，并且指派其他人员给客人沏茶或倒水。注意水杯的递送顺序要正确，一般递送顺序为：本方长者、对方长者、他方人员、本方人员。（25分）

4.送别礼仪正确得体。当来访客人离开时，接待者应将其送到门口，一次握手告别。并欢迎客人下次到来或表示择机前往拜访。（25分）

以上为本环节得分要点，在实际表现中，接待人员始终要做到有礼有节，根据实际情形，灵活掌握。

第四章

会议谈判："礼"出商机

商务谈判中，多是双方利益之争。事实上，价格、数量、质量、包装等内容只是话题的一部分，更多的时候，双方都是在交流感情，寻找彼此间的共同点，以消除隔阂。谈判中有礼有节，交上朋友，自然能在谈判中多一份制胜的筹码，从而达到双方利益的平衡点，取得双赢，获得更为长久的利益。

商务会议之座次礼

商务人员应依照不同的需求与会议目的来安排会议的席次，因为不同的座位安排及导引，都会直接影响到会议的进行，从而左右会议的结果。以长型会议桌为例的不同座次安排如下。

"亲切位"，即商务人员借以表达亲切友好之意的安排。"亲切位"也就是双方坐在同桌角的各一侧。"亲切位"的坐法可以令对方安心，舒缓对方的情绪。

"对峙位"，即商务人员表达严肃谈判的座位安排。"对峙位"也就是双方相对而坐的座位。相向而坐的坐法会营造出相互抗衡的氛围，形成一定程度上的距离或紧张感。当商务人员想巩固立场或是营造正式且严肃的氛围时，可以采取这种坐法。在谈判过程中，一旦发现对面所坐之人总是跟你抗衡，而这种现象已经影响到会议顺利进行之时，商务人员要有技巧地适时将其调离"对峙位"，可以立即有效地缓解对抗的气氛。

"辅佐位"，即商务人员借以表达帮助老板或客户为目的的座位安排。"辅佐位"也就是双方同坐于桌子较长的一侧。通常老板的亲信会坐在"辅佐位"，以便及时给予支持和协助；关系亲密的主客之间也可采用这种坐法，以便轻声讨论与相互支持。

"疏离位"，即商务人员想表达与对方疏离时的座位安排。"疏离位"也就是长桌两侧斜对角的位子。会议中可以安排关系不佳的双方入座"疏离位"，以免干扰会议的气氛。而平时，"疏离位”也是关系不佳的双方会自然选择的入座方式，所以若你不想加深与对方的交恶，不要轻易入座“疏离位”为好。

会议举办，是企业经营理念文化内涵等的折射。同样，座次安排是否合理，也是企业是否专业专注的体现。当与会人员全部落座后，主持人、报告者或高管对会场气氛的调节也很重要。除了可以利用口语表达与肢体语言之外，当你想调节会议紧绷的气氛时，还可以试着脱掉外套，或松开外套的扣子，就能立刻制造出轻松的效果。

与会者的现场发言，在会议上举足轻重。假如在一次会上没有人踊跃发言，或者是与会者的发言严重脱题，都会导致会议的失败。

根据会务礼仪的规范，会议的现场发言要想真正得到成功，重点在于主持人的引导得法和与会者的发言得体。主持人所起的作用往往不止于掌握、主持会议，更重要的是要求他能够在现场审时度势、因势利导地引导与会者的发言，并且有力地控制会议的全局。在众人争相发言时，应由主持人根据座次的安排、职务的高低决定发言的先后顺序。当无人发言时，应由主持人引出新的话题，就教于与会者，或者由其恳请某位人士发言。当与会者之间发生争执时，应由主持人出面劝阻。在每位与会者发言之前，可由主持人对其略作介绍。

与会者应自觉遵守会议秩序，明确自己在会议中的席位、位置，不可逾越上级，更不可随意调换座位。会上发言时，表现必须得体。在要求发言时，可举手示意，但同时也要注意谦让，不要与人进行争抢。不论自己有何高见，打断他人的发言、插嘴，都是失当的行为。在发言的过程中，不论所谈何事，都要使自己语速适中，口齿清晰，神态自然，用语文明。肯定成绩时，一定要实事求是，力戒阿谀奉承；提出批评时，态度要友善，切勿夸大事实，调侃挖苦。与其他发言者意见不合时，要注意"兼听则明"，并且一定要保持风度。

商务会议之谈判礼

一个成功的谈判会引领重要合作的顺利开始，要想成功地进行谈判，掌握如何创造一个良好的会谈气氛是十分重要的。这就需要与会者熟练掌握营造成功谈判气氛的艺术。

首先，抓住会谈开始的前奏，营造一个有利于自己的氛围。良好的开端是成功的一半。双方人员见面之初，免不得要互相介绍、寒暄。这时，就应抓紧时机，对会谈气氛施加影响，同时谈判人员应特别注意礼仪修养，态度应热情诚恳，以便先入为主，消除距离感。一般以中性话题作为开场白，设法引起双方的共鸣，使双方在感情上接近许多，然后再进入正题就比较自然了。但应注意开场白的时间不宜过长，应控制在谈判时间的5%之内。

其次，选择一种比较自然、随和进入会谈正题的方式。以轻松自然的语气先谈些双方容易达成一致意见的中性话题，引起双方的共鸣。这种容易获得肯定回答的方式，有助于创造一种"一致"的气氛，有利于最终达成一致意见。

再次，双方谈判要体现出真诚的合作态度，尊重对方，争取在一个友好、平等的位置上展开谈判。任何性质的谈判，最终目的都是想取得符合双方利益的积极成果。因此，谈判过程中，谈判人员要做到以下三点。

1. 要诚恳、积极地沟通，使人感到有诚意。

2. 尽量地适应对方需要，尽量满足对方的合理要求，求得双方的共同利益，避免正面冲突，巩固发展已形成的良好气氛。

3. 要简单明了地发表意见，切忌长篇大论，滔滔不绝。盛气凌人的讲话态度很容易引起对方的反感，不利于谈判的发展，甚至会陷入僵局。注意倾听对方发言，不要随意打断别人谈话，更不能不等对方讲完话就批驳，待对方发表完意见后，再阐述自己的见解。

谈判过程中最重要的环节和核心当数商讨与辩论，通过双方之间的商讨与辩论，可以解决许多牵涉双方利益的实质性问题，最终达到一致。商讨和辩论，无非是通过构思和辩论得出一个对双方都有利的解决方法。谈判双方都希望得到一个满意的结果，所以要心平气和、头脑冷静，共同商讨，期待得出一种双赢的效果。

首先，要明确自己的观点和立场，以便于更好地沟通，获得彼此的信任感。双方都有自己独到的观点，所以在立场问题上争执不休是不明智的。谈判的重点是利益，最终目标是为了满足双方潜在的利益。如果一味地把谈判立场与真正利益混淆不清，仅仅在立场的冲突上双方互不相让，则有可能使谈判毫无结果。

其次，针对具体问题展开商讨。要把人与问题分开，不要含混不清，对发表不同意见的人纠缠不停。成功的谈判是建立在双方充分的了解和沟通、尊敬和信任的良好工作关系上的。参加谈判的人要把自己看成是双方工作的人，所要解决的是问题，而不是攻击人。

商讨与辩论过程中，要重视双方实质的利益，寻求一种能满足双方实质利益的同时，又能使双方关系持续下去的结果。

要想在商讨中取得胜利，要重视谈判的人性层面，直接处理人的问题。一方面要对对方的想法有一个充分的了解，在讨论彼此的看法的同时，设身处地为对方设想，给对方谈判者保留一定的余地和面子；另一方面要充分了解对方的情绪，容许对方发泄情绪，控制好自己的情绪。还要增加双方的沟通，建立一种良好的工作关系。谈判对事不对人，携手寻求对双方都有利的协议。

商务谈判之迂回礼

在商务谈判中，对方的底价、时限、权限及最基本的交易条件等内容，均属机密。谁掌握了对方的这些底牌，谁就会赢得谈判的主动。因此，在谈判初期，双方都会围绕这些内容施展各自的探测技巧，采用迂回战术，在有礼有节中达到谈判的目的。一般来讲，常用的迂回战术主要有如下几点：

1. 模棱两可，在话题上争取主动

主动抛出一些带有挑衅性的话题，刺激对方表态，然后再根据对方的反应，判断其虚实。比如，甲买乙卖，甲向乙提出了几种不同的交易品种，并询问这些品种各自的价格。乙一时搞不清楚对方的真实意图，甲这样问，既像是打听行情，又像是在谈交易条件；既像是个大买主，又不敢肯定。面对甲的期待，乙心里很矛盾，如果据实回答，万一对方果真是来摸自己底的，那自己岂不被动？但是自己如果敷衍应付，有可能会错过一笔好的买卖，说不定对方还可能是位可以长期合作的伙伴呢。在情急之中，乙想：我何不探探对方的虚实呢？于是，他急中生智地说："我是货真价实，就怕你一味贪图便宜。"我们知道，商界中奉行着这样的准则："一分钱一分货""便宜无好货"。乙的回答，暗含着对甲的挑衅意味。除此而外，这个回答的妙处还在于，只要甲一接话，乙就会很容易地把握甲的实力情况。如果甲在乎货的质量，就不怕出高价，回答时的口气也就大；如果甲在乎货源的紧俏，就急于成交，口气也就显得较为迫切。在此基础上，乙就会很容易确定出自己的方案和策略了。

2.迂回询问，巧妙探得对方底牌

通过迂回，使对方松懈，然后乘其不备，巧妙探得对方的底牌。在主客场谈判中，东道主往往利用自己在主场的优势，实施这种技巧。东道方为了探得对方的时限，就极力表现出自己的热情好客，除了将对方的生活作周到的安排外，还盛情地邀请客人参观本地的山水风光，领略风土人情、民俗文化，往往在客人感到十分惬意之时，就会有人提出帮你订购返程机票或车船票。这时客方往往会随口就将自己的返程日期告诉对方，在不知不觉中落入了对方的圈套里。至于对方的时限，他却一无所知，这样，在正式的谈判中，自己受制于他人也就不足为怪了。

3.聚焦深入，探知对方隐情

先是就某方面的问题作扫描式的提问，在探知对方的隐情所在之后，然后再进行深入，从而把握问题的症结所在。例如，一笔交易（甲卖乙买）双方谈得都比较满意，但乙还是迟迟不肯签约，甲感到不解，于是他就采用这种方法达到了目的。首先，甲证实了乙的购买意图。在此基础上，甲分别就对方对自己的信誉、对甲本人、对甲的产品质量、包装装潢、交货期、适销期等逐项进行探问。乙的回答表明，上述方面都不存在问题。最后，甲又问到货款的支付方面，乙表示目前的贷款利率较高。甲得知对方这一症结所在之后，随即又进行深入。他从当前市场的销势分析，指出乙照目前的进价成本，在市场上销售，即使扣除贷款利率，也还有较大的利润。这一分析得到了乙的肯定，但是乙又担心，销售期太长，利息负担可能过重，这将会影响最终的利润。针对乙的这点隐忧，甲又从风险的大小方面进行分析，指出即使那样，风险依然很小，最终促成了签约。

4.示错印证，达到最终目的

探测方有意通过犯一些错误，比如念错字、用错词语，或把价格报错等种种示错的方法，诱导对方表态，然后探测方再借题发挥，最后达到目的。例如：

在某时装区，当某一位顾客在摊前驻足，并对某件商品多看上几眼时，早已将这一切看在眼里的摊主就会前来搭话说："看得出你是诚心来买的，这件衣服很合你的意，是不是？"察觉到顾客无任何反对意见时，他又会继续说："这衣服标价150元，对你优惠，120元，要不要？"

如果对方没有表态，他可能又说："你今天身上带的钱可能不多，我也想开个张，照本卖给你，100元，怎么样？"顾客此时会有些犹豫，摊主又会接着说："好啦，你不要对别人说，我就以

120元卖给你。"早已留心的顾客往往会迫不及待地说:"你刚才不是说卖100元吗?怎么又涨了?"

此时,摊主通常会煞有介事地说:"是吗?我刚才说了这个价吗?啊,这个价我可没什么赚啦。"稍作停顿,又说,"好吧,就算是我错了,那我也讲个信用,除了你以外,不会再有这个价了,你也不要告诉别人,100元,你拿去好了!"话说到此,绝大多数顾客都会成交。这里,摊主假装口误将价涨了上去,诱使顾客做出反应,巧妙地探测并验证了顾客的购买需求,收到引蛇出洞的效果。在此之后,摊主再将涨上来的价让出去,就会很容易地促成交易。

商务谈判之仪表礼

在任何一场商务谈判进行时,双方都要遵从相应的礼仪,这也是向对方展示你拥有良好的综合素质的绝好机会。而且,这将直接决定着谈判是否成功。

首先,谈判之前你应该整理好自己的仪容仪表,穿着要整洁正式、庄重。男士应刮净胡须,穿西服必须打领带。女士穿着不宜太性感,不宜穿细高跟鞋,应化淡妆。布置好谈判会场,采用长方形或椭圆形的谈判桌,门右手座位或对面座位为尊,应让给客方。

谈判双方接触的第一印象十分重要,言谈举止要尽可能创造出友好、轻松的良好谈判气氛。

作自我介绍时要自然大方,不可露傲慢之意。被介绍到的人应起立一下微笑示意,可以礼貌地道:幸会、请多关照之类。询问对方要客气，如请教尊姓大名等。如有名片，要双手接递。介绍完毕，可选择双方共同感兴趣的话题进行交谈。稍作寒暄，以沟通感情，创造温和气氛。

谈判之初的姿态动作也对把握谈判气氛起着重大作用，应目光注视对方时，目光应停留于对方双眼至前额的三角区域正方，这样使对方感到被关注，觉得你诚恳严肃。手心向上比向下好，手势自然，不宜乱打手势，以免造成轻浮之感。切忌双臂在胸前交叉，那样显得十分傲慢无礼。

谈判之初的重要任务是摸清对方的底细，因此要认真听对方谈话，细心观察对方举止表情，并适当给予回应，这样既可了解对方意图，又可表现出尊重与礼貌。

接着，即将进入谈判的实质性阶段，主要是报价、查询、磋商、解决矛盾、处理冷场。

报价——要明确无误，恪守信用，不欺蒙对方。在谈判中报价不得变幻不定，对方一旦接受价格，即不再更改。

查询——事先要准备好有关问题，选择气氛和谐时提出，态度要开诚布公。切忌气氛比较冷淡或紧张时查询，言辞不可过激或追问不休，以免引起对方反感甚至恼怒。但对原则性问题应当力争不让。对方回答查问时不宜随意打断，答完时要向解答者表示谢意。

磋商——讨价还价事关双方利益，容易因情急而失礼，因此更要注意保持风度，应心平气和，求大同，容许存小异。发言措辞应文明礼貌。

解决矛盾——要就事论事，保持耐心、冷静，不可因发生矛盾就怒气冲冲，甚至进行人身攻击或侮辱对方。

处理冷场——此时主方要灵活处理，可以暂时转移话题，稍作松弛。如果确实已无话可说，则应当机立断，暂时中止谈判，稍作休息后再重新进行。主方要主动提出话题，不要让冷场持续过长。

当谈判步入尾，就是谈后签约等事宜。签约仪式上，双方参加谈判的全体人员都要出席，共同进入会场，相互致意握手，一起入座。双方都应设有助签人员，分立在各自一方代表签约人外侧，其余人排列站立在各自一方代表身后。

助签人员要协助签字人员打开文本，用手指明签字位置。双方代表各在己方的文本上签字，然后由助签人员互相交换，代表再在对方文本上签字。

签字完毕后，双方应同时起立，交换文本，并相互握手，祝贺合作成功。其他随行人员则应该以热烈的掌声表示喜悦和祝贺。

此外，恰当、得体、有效的洽商询问应注意以下几点：

1.应当以自然方式进行探索性询问

万事礼为先，礼多人不怪。询问时，应尽量使用委婉的问话方式，先试探性地询问一下。在别人有其他事情要处理时，盲目地打扰他人，容易引起反感。另外要注意语气平和亲切，不要使对方感到好像"查户口"，咄咄逼人，这会给人居高临下、不尊敬自己的感觉，容易使对手产生防范心理，以至于回答问题谨小慎微，甚至不予合作。

2.对于实质性的询问，事先应做好充分的准备

询问前应做好充分的资料准备，不但可以做到胸有成竹，避免浪费时间，还能显示对对方的足够重视，表明自己的诚心，如购买某种商品，业务人员对这种商品的质量、品种、装运等情况作过全

面了解，问起问题就会显得更加得心应手。

3.聆听的过程中要认真仔细，避免心不在焉

如果对该回答不满意还需继续提问，应该耐心地等对方回答完上一问题后，再提出问题，进行查问。查问还应注意现场气氛，如果双方注意力都集中在另一问题上，就不宜撇开主题强行询问。被询问一方在回答对方提出的问题时，应态度坦诚，实事求是地针对对方所问作答，不要闪烁其词。如果对某个问题确实不了解或者不便回答，则可委婉说明，以免令对方尴尬或出现僵局，不可露出不耐烦的神情。

4.保持良好的举止

在与对方商谈过程中，保持良好的姿态是很有必要的。因为你给对方的视觉感受，对他在生意上的最终判断是有一定影响的。所以，在谈判场上，当你坐下时要注意腰、背挺直坐好，不要弓腰驼背，显得懒散，没有精神。两膝不要开得太大，否则大张着两条腿，显得很不礼貌。适宜的距离是不要超过肩膀的宽度。

要保持良好的举止，还必须注意避免一些不良小动作。

1.忌跷二郎腿，脚尖乱抖。这样不仅使别人认为你不懂礼貌，没有教养，还显得你没有诚意，态度不严肃。

2.不能脱下鞋子搔痒。"隔靴搔痒"当然是办不到的。可是如果因为脚痒就脱下来搔，实在是太失礼了。且不说你的脚是不是臭气熏天，单是那形象就足以令人作呕三天了。恶心成这样，商谈就别再奢望有一丝成功的希望了。

3.双手要保持正确得当的位置和姿势。标准的姿态是将手轻轻置于面前的桌上，或交叠放于膝上。以下各项都是不正确的。

4.用手指拨弄名片，或拨弄眼前的茶杯、钥匙、打火机等物品。这样做不仅显得你心不在焉、没有礼貌，有经验的客户还可通过这些小动作看出你的弱点，不利于你与他之间的谈判。

5.用手抓摸脖子、鼻子、头发，揪耳朵，摸下巴等。有经验的客户通过这些动作可判断出你此时的心理状态，从而把商谈引向对他方有利的方向。

6.用手指敲桌子，啪啪作响，或用手指乱弹纸上不存在的灰尘，弄出很大的"啪啪"的声音。做这样的动作尤其显出你没有教养，对商谈不重视，不感兴趣，的确令人非常恼火。

7.商谈中在纸上乱涂乱画。这个无意间的动作也会显得你心不在焉，还会泄露你的秘密。

所有上述这些小动作，都是有害于商谈的顺利进行，因此，如果你在平时并没有注意到的话，应尽快纠正。

成功谈判之让步礼

在商务谈判的过程中，在准确理解对方利益的前提下，努力寻求双方各种互利的解决方案，以求达到双赢的目的是一种正常渠道达成协议的方式。但在解决一些棘手的利益冲突问题时，双方有可能就某一个利益问题争执不下，这时，恰当地运用让步策略是非常有效的工具。

成功让步的策略和技巧表现在谈判的各个阶段。但是，要准确、有价值的运用好让步策略，必须服从一定的原则。

1. 目标价值最大化原则

应当承认，很多情况下的商务谈判目标并非是单一的。在谈判中处理这些多重目标的过程中不可避免地存在着目标冲突现象，谈判的过程事实上是寻求双方目标价值最大化的一个过程。但这种目标价值的最大化并不是所有目标的最大化，如果是这样的话就违背了商务谈判中的平等公正原则，因此也避免不了在处理不同价值目标时使用让步策略。不可否认，在实际过程中不同目标之间的冲突是时常发生的。但是在不同目标中的重要价值及紧迫程度也是不相同的，所以在处理这类矛盾时所要掌握的原则就需要在目标之间依照重要性和紧迫性建立优先顺序，优先解决重要及紧迫目标，在条件允许的前提下适当争取其他目标。其中的让步策略首要就是保护重要目标价值的最大化，如关键环节——价格、付款方式等。成功的商务谈判者在解决这类矛盾时所采取的思维顺序是：首先，评估目标冲突的重要性、分析自己所处的环境和位置，在不牺牲任何目标的前提下冲突是否可以解决；然后，如果在冲突中必须有所选择的话区分主目标和次目标，以保证整体利益最大化，但同时也应注意目标不要太多，以免顾此失彼，甚至自相混乱，留给谈判对手以可乘之机。

2. 刚性原则

在谈判中，谈判双方在寻求自己目标价值最大化的同时也对自己最大的让步价值有所准备，就是说谈判中可以使用的让步资源是有限的。所以，让步策略的使用是具有刚性的，其运用的力度只能是先小后大。一旦让步力度下降或减小则以往的让步价值也失去意义。同时谈判对手对于让步的体会具有抗药性，一种方式的让步使用几次就失去效果，同时也应该注意到谈判对手的某些需求是无止境的。

必须认识到，让步策略的运用是有限的。即使你所拥有的让步资源比较丰富，但是在谈判中对手对于你的让步的体会也是不同的，并不能保证取得预先期望的价值回报。因此，在刚性原则中必须注意到以下几点：

（1）谈判对手的需求是有一定限度的，也是具有一定层次差别的，让步策略的运用也必须是有限的、有层次区别的；

（2）让步策略的运用的效果是有限的，每一次的让步只能在谈判的一定时期内起作用，是针对特定阶段、特定人物、特定事件起作用的，所以不要期望满足对手的所有意愿，对于重要问题的让步必须给予严格的控制；

（3）时刻对让步资源的投入与你所期望效果的产出进行对比分析，必须做到让步价值的投入小于所产生的积极效益。在使用让步资源时一定要有一个所获利润的测算，你需要投入多大比例来保证你所期望的回报，并不是投入越多回报越多，而是寻求一个两者之间的最佳组合。

3.时机原则

所谓让步策略中的时机原则就是在适当的时机和场合做出适当适时的让步，使谈判让步的作用发挥到最大、所起到的作用最佳。虽然让步的正确时机和不正确时机说起来容易，但在谈判的实际过程中，时机是非常难以把握的，常常存在以下种种问题：

（1）时机难以判定，例如认为谈判的对方提出要求时就认为让步的时机到了或者认为让步有一系列的方法，谈判完成是最佳的时机；

（2）对于让步的随意性导致时机把握不准确，在商务谈判中，谈判者仅仅根据自己的喜好、兴趣、成见、性情等因素使用让步策略，而不顾及所处的场合、谈判的进展情况及发展方向等，不遵从让步策略的原则、方式和方法。这种随意性导致让步价值缺失、让步原则消失，进而促使对方的胃口越来越大，在谈判中丧失主动权，导致谈判失败，所以在使用让步策略时千万不得随意而为之。

4. 清晰原则

在商务谈判的让步策略中的清晰原则是：让步的标准、让步的对象、让步的理由、让步的具体内容及实施细节应当准确明了，避免因为让步而导致新的问题和矛盾。常见的问题有：

（1）让步的标准不明确，使对方感觉自己的期望与你的让步意图错位，甚至感觉你没有在问题上让步而是含糊其辞；

（2）方式、内容不清晰，在谈判中你所作的每一次让步必须是对方所能明确感受到的，也就是说，让步的方式、内容必须准确、有力度，对方能够明确感觉到你所做出的让步，从而激发对方的反应。

5. 弥补原则

如果迫不得已，己方再不做出让步就有可能使谈判夭折的话，也必须把握住"此失彼补"这一原则。即这一方面（或此问题）虽然己方给了对方优惠，但在另一方面（或其他地方）必须加倍地，至少均等地获取回报。当然，在谈判时，如果发觉此问题己方若是让步可以换取彼处更大的好处时，也应毫不犹豫地给其让步，以保持全盘的优势。

在商务谈判中，为了达成协议，让步是必要的。但是，让步不是轻率的行动，必须慎重处理。成功的让步策略可以起到以局部小利益的牺牲来换取整体利益的作用，甚至在有些时候可以达到"四两拨千斤"的效果。

电话会议之必修礼

随着科技的发展，企业也在不断发展，各项分工也越来越明细。在商务场合，除了现场会议，电话会议以其不受地域的限制而成为比较常见的会议形式，同时电话会议也是商务人士最有效的沟通手段之一。电话会议已然成为商务人士的必修课程之一。因此，作为商界人士十分有必要了解电话会议的一些礼节常识。

要想成功地举行电话会议，必要的准备工作事先要做好。选择一个安静的区域非常重要。

在开电话会议时，所有与会人员都要尽量寻找一个安静之所。假若开会场所的附近有小孩玩耍或者人声嘈，势必要影响会议参与者的注意力。因此，我们建议，无论召开还是参加电话会议，一定要找一个不容易被打扰的地方。无论召开场所选择是在家里还是在办公室，都要提前跟家人或同事、下属等讲清楚，你要开电话会议，这段时间请勿打扰。

举行电话会议的场所选择妥当后，就要对会议所需的硬件设施（线路、电话等）予以检查。一定要确保硬件设施没有任何问题，以免影响会议的正常进行。如果使用固定电话进行电话会议，就要事先电话线路是否磨损；如果使用手机进行通话就要检查手机信号是否受到干扰，话费、手机电量是否充足。如果需要使用手机耳机，则要使用品质良好的耳机，确保声音清晰。

作为电话会议的组织者，要事先制定会议基本规则，并在会议召开之前，向所有与会人员申明规则，包括：会议主题、与会人员、会议时间、会议纪律等，以确保电话会议有序、有效地进行。

在召开和参加电话会议时必须遵循一些必要的礼仪。

1.准时参会

所有参会人员必须准时到场，如果参会人员位于不同地域，要掌握好地区时间差。守时既显素质，又是专业性的标志。电话会议时若无特殊原因，中间最好不要暂停。

2.介绍礼仪

电话会议上的介绍包括会议的主持人的自我介绍，以及与会人员的自我介绍。若是大家并不熟识，主持人应分别将与会者介绍给众人，包括其国别、职位、背景等。在国际电话会议上，这个介绍显得尤为必要。

3.发言礼仪

所有与会人员都要认真开会，把电话会议看作是面对面的沟通。与会者表态或发言时一定要落落大方，按照事先准备好的内容讲话，既要有条理，又要显专业。无论主持会议者还是与会者，在表达观点时都要力求简洁、明了。发言结束后，发言者要向其他与会者表示感谢。

遵循上述电话会议礼仪，便可称为是一次成功的电话会议。但是也有一些其他情形需要避免。比如，避免噪音。在参加电话会议的时候，一定要避免不断地清除喉咙、咳嗽、打饱嗝或打哈欠等，这些都是不礼貌的表现。同时要注意，切忌拿笔敲击桌子或手中不停地摆弄物件，更不要一心多用摆弄手机或玩游戏。这些都会显示出你心不在焉，同时也会给其他人留下不好的印象。

此外，在会议进行或有人发言时，千万不要随意打断别人的谈话。在这点上，不仅在电话会议要避免，就是平时与人沟通交流时也要竭力避免。即便别人与你的意见有分歧，观点相左或意见不同，你也要等别人把话说完再适机说明自己的观点，同时向其他人说声"抱歉！我先打断一下，说下自己的看法"，等等。这是一个人风度素养的表现。

情景模拟：谈判得体并尽量显出你的实力

场景　商务谈判

商务谈判是一个商务活动的中心环节，直接决定商务活动的成功与否，因此商务谈判中礼仪的注意至关重要。

参加人数：4人及以上（甲乙双方人数各半）

训练目的：模拟商务谈判场景，谈判双方依主次就座。主持谈判方应做好接待工作，并将谈判坐席的次序安排好，便于顺序就座。

训练要点：谈判双方均要清楚对方的身份、职务等。明确此次谈判的所要达到的目的。讲话时要言语得体、落落大方，切不可咄咄逼人，要为下一步合作打下了坚实的基础。

模拟准备：大小适宜的会议室。

得分要点：（满分100分）

1.谈判双方着装要正式、庄重、整洁、大方。（20分）

2.谈判的座次安排要合理。（10分）

3.与会人员的正确介绍。（10）

4.谈判之初的姿态动作要自然得体。（30分）

5.良好的谈判气氛是促成谈判顺利进行的基础。（30分）

以上为本环节得分要点，在实际场景中，谈判人员要善于审时度势，处变不惊，在营造良好谈判氛围的同时，达到双方利益的最大化，合作成功。

第五章

商务出访："礼"行天下

现在商务应酬中，商务出行、拜访必不可少。商务人员应掌握拜访的基本礼仪，准时赴约，把握时长。到达被访人所在地时，一定要用手轻轻敲门，进屋后应待主人安排指点后坐下。拜访时应彬彬有礼，注意交往细节。告辞时要同主人和其他客人一一告别，说"再见""谢谢"；主人相送时，应说"请回""留步""再见"等。

商务活动之应酬礼

现代的商务应酬不仅体现在公务往来，更是体现在文娱活动之中。商务人员与客户经历唇枪舌剑、你来我往之后，去文娱场合放松更能促成合作。

此时，作为商务人员更不能懈怠，更要注意礼节，否则容易落得前功尽弃的后果。

在公共场所的商务应酬活动中，亦不可太随便，而应遵循一般的基本礼仪。

1. 保持安静

公共场所是众人共同使用的地方，这就要求大家共同配合，一起共同利用。如果众人都只为自己考虑，高声谈笑，一人盖过另一个人的声音，最终的结果是谁都听不清对方的话，所以这是一种很不文明的行为。人群越是集中的地方越要求交谈者低声细语，声音的大小以不引起他人的注意为宜。交谈时使用的手势不应过多或是不用，否则会吸引他人的注意力。在庄严肃穆的场合里，一定要保持绝对安静，不得在他人讲话时分心、注意力不集中、一心二用、与其他人随意交谈或翻阅书刊。

保持安静是公共场合最重要的。走路时鞋子的质地不同会产生不同的声响，所以脚步要放轻，更不能故意走得咯咯作响。遇到急事时，也不能急不择路，慌张奔跑。特别是穿短裙或旗袍的女士，要临危不乱。

2. 讲究卫生

对交际而言卫生是最基本的。你可以服饰与发型、妆容不配，你的衣服可以不是高档次的，但是要做到头发和服饰的整洁，包括个人卫生还有你居住的环境卫生，都是无声说明你为人的东西，所以都不能掉以轻心。

戴隐形眼镜或者是爱上火的人、上了年纪的人，要注意经常检查眼角是否有异物，并及时清洁异物。

如果要参加交际，一定要先做好个人卫生，洗澡、刷牙等浑身上下都不能有任何的异味。吃了大葱、大蒜等气味浓烈的食物，会让人对你退避三舍。如果实在无法避免或者因为身体的健康原因，可以用口香糖或爽口剂等去除臭味。

洗净头发，梳理好整齐适合的发型，时刻要留意你的头皮屑，不要让你的上衣领子或是衣服的背后落下头皮屑。

手是人的第二张脸，所以要时常保持手的干净。即使是繁忙和劳累对手也不能有丝毫的马虎。即便自己的手指非常好看，很适合留指甲，也要忍痛割爱修剪整齐，因为在交际活动中不宜留过长的手指甲。

掏鼻孔、挖耳朵更是交际活动中的大忌。吃饭后也不准许在众人面前，用牙签去剔牙齿，这样做只会倒别人的胃口。

自己的居住环境最基本的要保持室内卫生，经常给房内通风换气，保持屋内空气新鲜，有益于自己的身体健康。室内目光所及之处和摆放的物品，不允许有灰尘或污痕。室内的纺织品，如窗帘、桌布等要保持洁净；烟灰缸、杯子这些常用的器皿使用之前要清洗干净。

同一问题的两个方面是个人卫生与环境卫生，二者是互相制约的，二者要平衡。个人卫生再好，居室搞得像狗窝，也不能算是讲卫生的人。

3. 公共活动就是许多人的集体活动，如欢迎、欢送、祝贺、集会、舞会、参观、旅游、各种庆典等均属公共活动。参加公共活动忌奇装异服和不分场合乱穿衣；忌拖鞋歪帽，半披半挂，不修边幅，蓬头垢面；忌过分打扮，艳妆浓抹等。

4. 在公共活动中免不了要签名，这有两种情况，一种是报到时在报到簿或纪念册上签名；一种是在活动期间应邀签名。前者忌抢先在最佳位置挥舞大字，后者忌意轻笔浮，漫不经心。签名一定要字迹工整。求人签名，特别是求名人签名，事前要分析有多大可能性，素不相识，贸然请求，如遇婉辞，则十分难堪，所以求者忌轻率求签，被求者忌轻率拒绝。

5. 在公共活动中，忌频繁地自我介绍，更忌自我介绍时罗列官衔或自我炫耀，张扬自己的成就或“著作”。

6. 公共活动中，如果是由主持人依次介绍，主持人必须事前进行周密调查，了解每个参与者的姓名和基本情况。一忌不知姓名就介绍，这会使被介绍者难为情；二忌介绍时表情有冷热差异；三忌介绍格局有别，对喜爱者多方赞扬，对别人只提名道姓。被介绍者要有表示，或起立致敬，或欠身微笑，或含笑点头；忌表情呆滞，不加理睬；忌言笑不停，对介绍置若罔闻。介绍某一人时，全体成员都应注目示敬，忌东瞅西看，毫不在意。

7. 数人在一起，由熟识人介绍时，忌先男后女，忌先少后老，忌先官后民。被介绍双方要热情握手，忌一冷一热。若双方希望发展交情，可互换名片，忌一厢情愿。

8. 公共活动中摄影留念，忌抢占前排中心位置，显露自己；忌按照官职大小、地位高低论资排位，应按照先女后男、先老后少、先矮后高、先客后主的礼貌原则排座，并按照衣服色彩进行审美调节。

慰问或接见时全体合影留念，应把慰问者与接见者安排在中心地位，体现活动主题，忌喧宾夺主，主从不分。

9. 公共活动中，如果因为自己迟到而推迟活动进行，到场以后，忌洋洋自得地不道歉，更忌以迟到显示身份特殊。

10 公共活动中，发言忌夸夸其谈，时间过长；听发言忌精力分散，频频看表。

11. 如需提前退会或有事临时退会，应尽量在转换发言人或发言告一段落时进行，忌在别人发言中去上厕所或起身做别的事情，这会使发言者误认为是不受欢迎，影响情绪。

12. 公共活动都有主题，如慰问活动、对话活动、剪彩活动，各式各样的座谈活动、游艺活动，爬山、滑冰等体育活动，参加记者招待会活动等。既有总主题，又有每日活动的主题。参加活动的人的言语、行动，忌离开主题，节外生枝；忌旁敲侧击，进行干扰；忌失掉身份，越俎代庖。比如，以记者身份参加记者招待会，自己只能提问题，不应出风头抢镜头，借机发表演说，即使主人不表示反感，其他记者也难以忍受。又如，参加授奖活动，授奖者、受奖者、观礼者、记者和电台、电视台采访人员，都有适应自己身份的礼貌用语，忌一切失身份、离主题的言行。

13. 公共活动中，特别是各种座谈会上，容易产生认识分歧和理论争论。在这种情况下，一忌进行人身攻击，因为人身攻击超越了座谈范围，既贬低了自己，又严重失礼，伤了和气；二忌自我卖弄，贬低争论对方；三忌用吹、捧、拍、拉、打手法制造分裂。这些做法往往会导致公共活动不欢而散。

商务邀约之请柬礼

现代商务应酬中，随着科技的发达，联系方式也呈现出多种多样的趋势。如何更好地利用这些资源，更好地拉近与客户的关系，进而促进成功，掌握商务联系礼仪的知识显得尤为重要。

在商务交往中，因为各种各样的实际需要，商务人员必须对一定的交往对象发出约请，邀请对方出席某项活动，或是前来我方做客。这类性质的活动，被商务礼仪称之为邀约。一般来讲，商务邀约分为正式邀约与非正式邀约。

邀约有时还被称为邀请或邀集。从交际的角度来看待邀约，它实质上是一种双向的约定行为。当一方邀请另一方或多方人士，前来自己的所在地或者在其他某地方约会，以及出席某些活动时，他不能仅凭自己的一厢情愿行事，而是必须取得被邀请方的同意与合作。作为邀请者，不能不自量力，无事生非，自寻烦恼，既麻烦别人，又自讨没趣。作为被邀请者，则需要及早地做出合乎自身利益与意愿的反应。不论是邀请者，还是被邀请者，都必须把邀约当做一种正规的商务约会来看待，对它绝对不可以掉以轻心，小而化之。

对邀请者而言，发出邀请，如同发出一种礼仪性很强的通知一样，不仅要力求合乎礼貌，取得被邀请者的良好回应，而且还必须使之符合双方各自的身份，以及双方之间关系的现状。

在一般情况下，邀约有正式与非正式之分。正式的邀约，既讲究礼仪，又要设法使被邀请者备忘，故此它多采用书面的形式。非正式的邀约，通常是以口头形式来表现的，相对而言，它要显得随便一些。

正式的邀约有请柬邀约、书信邀约、传真邀约、电报邀约、便条邀约等具体形式，它适用于正式的商务交往中。非正式的邀约有当面邀约、托人邀约以及打电话邀约等不同的形式，它多适用于商界人士非正式的接触之中。前者可统称为书面邀约，后者则可称为口头邀约。

根据商务礼仪的规定，在比较正规的商务往来之中，必须以正式的邀约作为邀约的主要形式。因此，有必要对它做出较为详尽的介绍。

在正式邀约的诸多形式之中，档次最高也最为商界人士所常用的当属请柬邀约。凡精心安排、精心组织的大型活动与仪式，如宴会、舞会、纪念会、庆祝会、发布会、单位的开业仪式等，只有采用请柬邀请嘉宾，才会被人视之为与其档次相称。

请柬又称请帖，它一般由正文与封套两部分组成。不管是购买印刷好的成品，还是自行制作，在格式与行文上，都应当遵守成规。

请柬正文的用纸，大都比较考究，它多用厚纸对折而成。以横式请柬为例，对折后的左面外侧多为封面，右面内侧则为正文的行文之处。封面通常讲究采用红色，并标有"请柬"二字。请柬内侧，可以同为红色，或采用其他颜色。但民间忌讳用黄色与黑色，通常不可采用。在请柬上亲笔书写正文时，应采用钢笔或毛笔，并选择黑色、蓝色的墨水或墨汁。红色、紫色、绿色、黄色以及其他鲜艳的墨水，则不宜采用。

目前，在商务交往中所采用的请柬，基本上都是横式请柬。它的行文，是自左而右、自上而下地横写的。除此之外，还有一种竖式请柬。它的行文，则是自上而下、自右而左地竖写的。作为中国传统文化的一种形式，竖式请柬多用于民间的传统性交际应酬。

在请柬的行文中，通常必须包括活动形式、活动时间、活动地点、活动要求、联络方式以及邀请人等项内容。

规范的请柬正文示范：

×××先生/女士

谨订于2017年8月29日下午15时于本市金马大酒店水晶厅举行五环集团公司成立六周年庆祝酒会，敬请届时光临。

联络电话：6332266

备忘

×××敬邀

×年×月×日

在请柬的左下方注有"备忘"两字，意在提醒被邀请者届时毋忘。在国际上，这是一种习惯的做法。西方人在注明"备忘"时，通常使用都是同一个意思的法文缩写"P.M."。

从以上范文会发现，其中邀请者的名称在行文时没有在最后落款，而是处于正文之间。其实，把它落在最后，并标明发出请柬的日期，在商务交往中也是允许的。

另外，被邀请者的"尊姓大名"没有在正文中出现，则是因为姓名一般已在封套上写明白了。要是不厌其烦地在正文中再写一次，也是可以的。在正文中，"请柬"两字可以有，也可以没有。

商务邀约之电函礼

商务邀约除了普遍运用的派发请柬，还有书信、传真、电报、便条邀约等形式。随着科技的发展，人与人之间的联络更加便利，电报基本上已经很少应用了。

1. 书信邀约

以书信为形式对他人发出的邀请，叫作书信邀约。比之于请柬邀约，书信邀约显得要随便一些，故此它多用于熟人之间。

用来邀请他人的书信，内容自当以邀约为主，但其措辞不必过于拘束。它的基本要求是言简意赅，说明问题，同时又不失友好之意。可能的话，它应当打印，并由邀请人亲笔签名。比较正规一些的邀请信，有时也叫邀请书或邀请函。

邀请信范文：

尊敬的奥海公司负责人：

"2017北京民用新产品新技术展销会"定于今年9月8日至28日

在7国际展览中心举行，欢迎贵公司报名参展。

报名时间：8月1日至20日

报名地点：花园路乙10号

联系电话：2531188×

组委会敬邀

2017年7月16日

在装帧与款式方面，邀请信均不必过于考究。其封套的写作，与书信基本上相同。

2. 传真邀约

指的是利用传真机发出传真的形式，对被邀请所进行的一种邀约。在具体格式、文字方面以及其做法与书信邀约大同小异。但是由于它利用了现代化的通信设备，因而传递更为迅速，并且不易丢失。

3. 电报邀约

即以拍发专电的形式，对被邀者所进行的邀约。电报邀约与书信邀约在文字上，都要求热情、友好、恳切、得体。除此之外，电报邀约在准确、精练方面要求得更高一些，这是由电报这一形式本身所决定的。电报邀约速度快、准确率高，因此多用于邀请异地的客人。在具体内容上，它与书信邀约大致类似。

4. 便条邀约

在某些时候，商界人士在进行个人接触时，还会采用便条邀约。便条邀约，即将邀约写在便条纸上，然后留交或请人代交给被邀请者。在书面邀约诸形式之中，它显得最为随便。却反而往往会使被邀请者感到亲切、自然。

便条邀请的内容，是有什么事写什么事，写清楚为止。它所选用的纸张，应干净、整洁。

依照常规，用以邀约他人的便条不管是留交还是代交给对方，均应装入信封之中，一同送交。让邀请条"赤条条"地来来去去，则不甚适宜。

便条邀约他人的示范：

刘先生：

　　兹与集团公司杨林董事约定，下周五中午12时在四川酒家共进工作餐。敬请光临。

青青留上

5月2日

在一般情况下，不论以何种书面形式邀约他人，均须做得越早越好。通常，它应当至少在一周之前到达对方手中，以便对方有所准备。临阵磨枪，打对方一个措手不及，不仅会给对方以逼人就范的感觉，而且也是非常不尊重对方的。

5.回答对方的邀约

任何书面形式的邀约，都在邀请者经过慎重考虑，认为确有必要之后，才会发出的。因此，在商务交往中，商界人士不管接到来自任何单位、个人的书面邀约，都必须及时地、正确地进行处理。自己不论能不能接受对方的邀约，均须按照礼仪的规范，对邀请者待之以礼，给予明确、合"礼"的回答，即或者应邀，或者婉拒。置之不理，厚此薄彼，草率从事，都有可能自作自受，自找麻烦。

鉴于同时受到邀请的往往不止一方，任何被邀请者在接到书面邀请之后，不论邀请者对于答复者有无规定，出于礼貌，都应尽早将自己的决定通知给对方。

事实上，为了了解被邀请者对邀约有何反应，许多邀请者在发出书面邀约时，就对被邀请者有所要求，请对方能否到场必须做出答复。

通常，类似的规定往往会在书面邀约的行文中出现。例如，要求被邀请者"如蒙光临，请予函告""能否出席，敬请答复"，以及"盼赐惠复"，等等。

为了确保被邀请者准确无误地将有关信息反馈给邀请者，在书面邀约正文的左下方，循例要将与邀请者联络的具体方式，一一详尽地提供给被邀请者。它们通常包括：联络电话号码、传真号码、电传号码、电子邮箱（网址）、邮政编码、电报挂号、联络地点以及通信地址等。以上这些内容不必一一全部列出，可以根据具体情况从中选择。不过，联络或咨询的电话号码这一项，原则上是不能缺少的。

有些善解人意的商界人士为了体谅被邀请者，在发出书面邀约时，往往会同时附上一份专用的"答复卡"。上面除了"接受邀请""不能接受"这两项内容外，再没有其他任何东西。这样，被邀请者在答复时，只需稍费举手之劳，在以上两项之中，做一回"选择题"，在两者之一画上一道钩，或是涂去其一，然后再寄回给邀请者就行了。

没有在接到书面邀约的同时接到"答复卡"，并不意味着不必答复。答复是必要的，只不过需要自己亲自动手罢了。

对书面邀约所进行的答复，通常采用书信的形式。在商务礼仪中，它被称为回函。回函基本上都需要亲笔书写，以示重视。如果打印回函，则至少应当亲笔签名。

所有的回函，不管是接受函还是拒绝函，均须在接到书面邀约之后3日之内回复，而且回得越早越好。

在回函的行文中，应当对邀请者尊重、友好，并且应当对能否接受邀约这一关键性问题做出明确的答复。切勿避实就虚，让人觉得"难解其中味"。如果拒绝，则讲明理由，就可以了。

回函的具体格式，可参照邀请者发来的书面邀约。在人称、语气、措辞、称呼等方面，与之不相上下，就算不上失礼。

接受邀约的回函示范：

尊敬的袁伟超先生：

中岛公司董事长兼总经理郇烈兴先生非常荣幸地接受成功影视广告公司总裁的邀请，将于1月20日上午9时准时出席成功影视广告公司开业仪式。谨祝开业大吉，并顺致敬意。

×××

×年×月×日

在写接受函时，应将有关的时间与地点重复一下，以便与邀请者"核实"无误。在写拒绝函时，则不必这样做。

回函通知邀请者自己决定接受邀请后，届时就不能失约了。这类临时的"变卦"，会给邀请者添许多麻烦。

　　拒绝邀约的理由应当充分，如卧病、出差、有约在先等，均可采用。在回绝邀约时，万勿忘记向邀约者表示谢意，或预祝其组织的活动圆满成功。

　　拒绝邀约的回函示范：

尊敬的王优嘉先生：

　　我深怀歉疚地通知您，由于本人明晚将乘机飞往德国法兰克福市洽谈生意，故而无法接受您的邀请，前往波特曼饭店出席贵公司举办的迎春茶话会。恭请见谅，谨致谢忱。

×××

×年×月×日

商务活动之拜访礼

　　约好去拜访对方，无论是有求于人还是人求于己，都要在礼节上多多注意，不可失礼于人，而有损自己和单位的形象。

　　我们要注意的首要规则是准时。让别人无故干等无论如何都是严重失礼的事情。如果有紧急的事情，不得不晚，必须通知你要见的人。如果打不了电话，请别人为你打电话通知一下。如果遇到交通阻塞，应通知对方要晚一点到。如果是对方要晚点到，你将要先到，可以充分利用剩余的时间整理一下思路，耐心等对方到来。

　　当你到达时，告诉接待员或助理你的名字和约见的时间，递上你的名片以便助理能通知对方。冬天穿着外套的话，如果助理没有主动帮你脱下外套或告诉你外套可以放在哪里，你就要主动问一下。

在等待时要安静，不要通过谈话来消磨时间，这样会打扰别人工作。尽量不要不耐烦地总看手表。如果你等不及，可以向助理解释一下并另约一个时间。

不管你对要见的人有多么不满，也一定要对接待或助理有礼貌。在没有被告知要坐在哪一个位置的情况下，可以选择视觉上可以看到主人进来的位置，当主人进来时要赶快站起来，等待主人安排座位，并且避免坐到上面所述的位置，因为这些位置都有可能是主人的位置。

当你被引到约见者办公室时，如果是第一次见面，就要先做自我介绍；如果已经认识了，只要互相问候并握手就行了。

一般情况下对方都很忙，所以你要尽可能快地将谈话进入正题，而不要闲扯个没完。清楚直接地表达你要说的事情，不要讲无关紧要的事情。说完后，让对方发表意见，并要认真地听，不要辩解或不停地打断对方讲话。你有意见的话，可以在他讲完之后再说。

在拜访中应掌握如下举止礼仪常识。

第一，讲究敲门的艺术。要用食指敲门，力度适中，间隔有序敲三下，等待回音；如无应声，可再稍加力度，再敲三下；如有应声，再侧身隐立于右门框一侧，待门开时再向前迈半步，与主人相对。

第二，主人不让座不能随便坐下。如果主人是年长者或上级，主人不坐，自己不能先坐。主人让座之后，要口称"谢谢"，然后采用规矩的礼仪坐姿坐下。主人递上烟茶要双手接过并表示谢意。如果主人没有吸烟的习惯，要克制自己的烟瘾，尽量不吸，以示对主人习惯的尊重。主人献上果品，要等年长者或其他客人动手后，自己再取用。跟主人谈话，语言要客气。

第三，谈话时间不宜过长。起身告辞时，要向主人表示"打扰"之歉意。出门后，回身主动伸手与主人握别，说："请留步。"待主人留步后，走几步，再回首挥手致意："再见。"

拜访一家公司，进入会议室时一定要先主动询问接待人员：我该坐在哪儿？如果对方没有明确回答，可再进一步询问：稍后东道主会坐哪里？如果对方还是请你"随便坐"，此时千万不要随意就座，若坐到主人的位置，就如同侵犯到个人的领域空间，就非常失礼了。

企业一定要重视接待人员的礼仪培训，切实做好带位、奉茶、接听电话等细节的礼仪准备。因为接待人员的一言一行都是在为公司做公关，也无形中彰显了公司的文化，千万不要忽视看似轻微的接待细节，以免因小失大。

如果不小心迟到，该如何应对呢？若方便，就静悄悄地进入会议室。不要大声张扬，无需频频说"对不起"，只要跟会议主席点头打个招呼就可以了。倘若会议主席为高层主管，则会议的迟到或早退者，皆可以向对方行微鞠躬礼。你若事先就知道会迟到早退，请事先向会议负责人报告，并告知对方你准确的到达或离席时间。如果你在会议中的作用相当重要，更要如此。这可以让会议主席预先针对议程做必要的调整，如先进行其他跟你无关的主题等。

常言道："无事不登三宝殿"，言外之意是登门必是有事相求。现代生活紧张忙碌，多数人都淡了彼此的联系，而一旦有事时方想起对方，拿起电话寒暄客套一番。其实，这样的做法是极不可取的。无论是日常生活，还是商务往来，有事没事打个电话，发条信息问候问候都是让人际关系保鲜的稳定剂。玩转商务应酬的人多深谙此道，他们平日里很注意与人保持联系——哪怕是一个电话也好，让别人知道，他们在自己心目中占有一席之地，如果非到有事才找人，未免显得太过功利主义，惹人反感。

当然，商务应酬中没有永远的主人，也没有永远的客人。做个懂礼之客固然重要，做个能得体待客的主人也很重要。事先得知同事来访，要提前准备好茶具、烟具。客人进门后，要热情迎接并请上座。如果客人是从远道而来，要问问是否用过餐。对一般客人，在饭前只给烟茶就可以了，茶壶可以放在桌子上。对尊敬的客人或领导、长辈、同事，要在另外的屋里把茶倒好送进去。每次倒茶要倒八分满，便于客人饮用。

如果是"不速之客"，也要起立相迎。室内来不及清理，应向客人致歉意。不宜当着客人的面赶忙扫地，弄得满屋灰尘。接待时，要问明来意。比如说："你今天怎么抽出空来了呢？"对方如答："有事要麻烦您。"可又不一下子直说出来。就不要立即追问，恐怕是因为还有家中其他人在场，难以启口。那就不妨改变一下接待方式。

总之，在拜访客户和接待客户时，都要注意必要的礼节。只有这样，你的客户才能维持得长久，你们的关系才能稳固而可靠。

商务出行之步态礼

对走姿的要求是"行如风"，即走起路来像风一样轻盈。当然，不同情况对行走的要求是不同的。一般来说，标准的行走姿势，要以端正的站立姿势为基础。

基本要领是双目向前平视，面带微笑收下颌。上身挺直，头正、挺胸收腹，重心稍前倾。手臂伸直放松，手指自然弯曲，摆动时要以肩关节为轴，上臂带动前臂向前，手臂要摆直线，肘关节略屈，前臂不要向上甩动，向后摆动时，手臂外开不超过30°。前后摆动的幅度为30~40厘米。

走路时姿势美不美，是由步度和步位决定的。步度，是指行走时两腿之间的距离。步度一般标准是一脚踩出落地后，脚跟离未踩出一脚脚尖的距离恰好等于自己的脚长。身高超过1.75米以上的人的步度约是一脚半长。步位，是指你的脚下落到地上时的位置。走路时最好的步位是两只脚所踩的是一条直线而不是两条平行线。

走路用腰力，要有韵律感。如果走路时腰部松懈，就会有吃重的感觉，不美观；如果拖着脚走路，更显得没有朝气，十分难看。要保持优雅的步姿可以记住以下几句口诀："以胸领动肩轴摆，提髋提膝小步迈，跟落掌接趾推送，双眼平视背放松。"走路的美感产生于下肢的频繁运动与上体稳定之间所形成的对比和谐，以及身体的平衡对称。要做到出步和落地时脚尖都正对前方，抬头挺胸，迈步向前。

走路时应注意，最忌内八字和外八字；不要弯腰驼背、歪肩晃膀；不要步子太大或太碎；走路时不要大甩手，扭腰摆臀，左顾右盼；上楼不宜低头翘臀，下楼不宜连蹦带跳；不要双腿过于弯曲，走路不成直线；不要脚蹭地面；不要双手插裤兜；多人一起行走不要排成横队；有急事要超过前面的行人，不得跑步，可以大步超过并转向被超越者致意道歉。

我们把走路应有的原则归纳成以下几项：

1. 上半身应保持正直，下巴后收，两眼平视，胸部挺起，腹部后收，两腿挺直，双脚平行。

2. 将要跨出的一脚，应当先提起脚跟，再提起脚掌，最后脚尖离地，跨出的一脚，应当脚尖先落地，然后脚掌落地，最后脚跟落地。

3. 一脚落地时，臀部同时作轻微扭动时摆度不可太大，当一脚跨出时，肩膀跟着摆动，但要自然轻松。让步伐和呼吸配合成有韵律的节奏。

4. 穿礼服、长裙或旗袍时，切勿跨大步，显得很匆忙。穿长裤时，步幅放大，会显出活泼与生动。但最大的步幅不超过脚长的2/3。

商旅出行之酒店礼

伴随国际化的飞速发展，商务往来愈加频繁。出差谈判就成了商务活动的重要事项。可能有的人认为，住宿大宾馆、大酒店似乎没有什么礼节而言。但是酒店对商务人员来说不仅是休息的地方，还兼有接客、洽谈业务等作用。所以更应注意以下礼节，因为你的行为无时无刻不在给你的客户或朋友留下印象。

1. 讲究礼貌

在任何时候在走廊或电梯间遇到其他人，无论认识与否，都应道一声"你好"。如遇他人首先向自己问候，应当立即应答。对服务人员以礼相待，对各种服务表示感谢。在任何娱乐场合要注意身份。欲去游泳池、网球场和各类游艺室应换相应的服装。要尊老爱幼。

2. 不妨碍他人

出入住宿的客房应随手关门，小心随身财物的丢失。休息的时候，可以在门外悬挂"请勿打扰"的牌子。到别的客房找人应提前预约。到达后轻敲房门。在大厅、走廊走路，交谈或者在房间内收看电视不要影响他人。

3. 不懂就问

客房内不会使用的设备，可向他人或服务员请教，如情况不熟悉又自行其是，往往会闹出笑话。

4. 保持卫生

虽然有专门的服务人员，会每天收拾房间，但是在客房内，衣物和鞋袜等私人物品不要乱丢乱放，吸烟要注意安全，不要损害房间内的物品。果皮纸屑要扔垃圾桶内，贵重的东西要放好，离开时不要遗忘。

5. 享受服务

不少客房的冰箱内备有酒水，如饮用要付款。需要用自己的电器时则应提前征得同意。

6. 遵守酒店规定

酒店有专门提供清洗衣服的服务，所以不允许在客房内洗大量衣物，也不许在阳台窗外晒。换下的衣物由服务员送到洗衣房去洗。

此外，有一点需要格外重视，那就是遵守洗手间的礼仪。

欲去洗手间的时候，要注意只需通过低声打招呼或者暗示的方式向身旁的人或同行的人表示自己去哪里即可。出入洗手间，无论开门还是关门时，都不可太过用力。另外在洗手间里一般不适宜与人交谈，不要长时间阅读，不可吸烟和向别人让烟。遇到熟人，只需点头致意或悄声打个招呼即可。一些没教养的行为，如在洗手间高谈阔论、传播小道消息、独自唱歌或信手涂鸦，都是不文明和极易引起别人反感的。

在洗手间要文明使用卫生设备，不要损坏。人多时要排队等候。洗手间里备用的手纸不要乱拉乱用或拿走。不要乱吐、乱扔其他东西。使用洗手间之后，不要什么也不管便扬长而去，要自觉冲洗干净。洗完手后要自觉关好水龙头。盥洗后，应对镜理装，头发不要做太大的变动，拢一拢就行了；女性可稍微化妆或补妆，但时间不要过久。出洗手间前应仔细把衣饰整理好，不要以一边系裤扣或一边整衣裙或擦着手向外走的方式出现，这些都是不文明的。在洗手间等候的时候，不宜站在门对面或站得太近，最好站得稍微远一点，这样于人于己都方便。

使用火车上的公共盥洗间的时候，只能做简单的洗漱，比如刷牙，用清水洗脸。只要后面有人等，就最好不要使用洗面奶，以免延长让人等待的时间。女性如果需要化妆，可以在自己的座位上进行；男性可以提前一天在家里刮胡须。

总之，我们的一举一动一言一行都时时显露出个人的素质和修养。因此，要怀有一颗为人着想的心，注重最基本的公共礼仪。

商务交流之名片礼

在当代商务应酬中，名片扮演着不可或缺的角色。名片不仅已经成为一个人身份地位的象征，更成为一个人尊严和为人处世方式的体现。如何使用名片，不仅是一种社交活动，更是一门艺术，体现一个人内在的素养。

1. 名片的选择和保存

名片用作自我介绍，是商务应酬场合最简单的方式，也是建立今后联系所必需的信息。使用名片可以使人们在初识时就能充分利用时间交流思想感情，无须忙于记忆；可以使人们在初识时言行举止更得体，不会因要了解对方情况又顾忌触犯别人的私人领地而左右为难，也不会要介绍自己的身份和职位而引起别人不快；使用名片可以不必与他人见面能与其相识。在今天这个快节奏的时代，名片可以代替正式的拜访。

名片的选择切忌花哨不实。颜色过多的名片让名片的主人给人轻浮不稳重的印象。黑色和棕色等过于深沉的颜色也不要用在自己的名片上，因为这样的颜色往往让人有压抑感。名片颜色的选择应该以明快为主，色彩不宜过多，单色为好。款式上也应该尽可能简练，不要有过多繁复的花纹。

名片上一般会印有公司名称、头衔、联络电话、地址等内容。

有的还有个人的照片。但是切忌在名片上印有过多的内容，这样反而会让人对内容印象不深刻。也不要过多罗列自己的头衔，这是一种十分可笑的行为。

自己的名片要随时准备好。名片要放在易于掏出的口袋或皮包里，花钱买一个好的名片盒是明智的。质量好的名片盒不仅能保管好名片，还能为你的职业形象增光添彩。为避免寻找名片时在衣兜或包里乱摸一气，你应总把它们放在固定的位置，西服或夹克衫上衣的内兜就是好地方。你出示的名片应有型有款——不能又皱又褶。不要把自己的名片和他人的名片或其他杂物混在一起。

2. 如何递接名片

交换名片是建立人际关系十分重要的一步，一般应该在与人刚刚结识或者经过他人介绍之后进行。递送名片有着一定的顺序，交换名片的顺序一般是：客先主后；身份低者先，身份高者后。当与多人交换时，应依照职位高低的顺序，或是由近及远，依次进行，切勿跳跃式地进行，以免对方误认为有厚此薄彼之感。

递名片的时候应将名片正面面向对方，双手奉上。眼睛应注视对方，面带微笑，并大方地说：这是我的名片，请多多关照。"

接受名片时应起身，面带微笑注视对方。接过名片时应说"谢谢"，随后有一个微笑阅读名片的过程，阅读时可将对方的姓名职衔念出声来，并抬头看看对方的脸，使对方产生一种受重视的满足感。然后，回敬一张本人的名片，如身上未带名片，应向对方表示歉意。

交换名片的礼仪同握手的礼仪相似：通常是年长者或职位高者采取主动。如果他们没有表示，你应该递上你的名片然后向他们要名片。在一组人或聚会场合，交换名片应在私下进行。有时人们就像发扑克牌一样分发名片，这样做是很外行的。你想要人尊重并珍视你的名片，如果胡乱散发就不会有这个效果。交换名片适当的做法经常是，每次只在两个人之间交换。按照西方社交场合，递送名片应注意到，一个男子去访问一个家庭时，若想送名片，应分别给男、女主人各一张，再给这个家庭中超过18岁的妇女一张，但决不在同一个地方留下三张以上名片。一个女子去别人家做客，若想送名片，应给这个家庭中超过18岁的妇女每人一张，但不应给男子名片。如果拜访人事先未约会，也不想受到会见，只想表示一下敬意，可以把名片递给任何来开门的人，请他转交主人。若主人亲自开门并邀请进去，也只应稍坐片刻。名片应放在桌上，不可直接递到女主人手里。不要乱发你的名片，不然你不是令你的名片贬值，就是使它们没有发挥应有的作用。你应问问你自己，对方是否需要它以便在今后同你联系。最好比较实际需要稍微多分发一些。

不同的国家交换名片时，有着不同的礼仪：在日本，无论接递名片，都必须双手，都应当微微弯腰。在阿拉伯地区，绝对不能用左手接受名片，更不能用左手递名片给阿拉伯人。

国际商务之禁忌礼

我国素以"礼仪之邦"著称，商务礼仪不仅可以体现商务人员的素养与学识，在国际商务社交场合更代表了整个国家的形象。作为外贸界商务人士，一言一行不仅要体现出中华民族的优秀礼仪，更要对不同国家的文化礼仪有所涉猎。这既是专业的素养，也是对合作伙伴最基本的尊重。

下面，我们选择比较有代表性的国家，讲述这些国家的礼仪禁忌。

1. 美国

与美国人见面，一般行握手礼，手要紧紧相握，眼神真挚、热情地正视对方。握手的顺序是：女性面对男性时要先伸手；年长者面对年轻者要先伸手；地位高者面对地位低者要先伸手；主人面对客人时要先伸手。

正如我国人忌讳数字"4""7"等，美国人也有自己的忌讳。他们忌讳："3""13""星期五"以及黑色，美国人认为这些都是厄运和灾难的象征。美人国比较忌讳在别人面前挖耳朵、打喷嚏、抠鼻子、伸懒腰、咳嗽等，这些都被视为是缺乏教养的行为。此外，在美国说话有"三忌"：一忌问别人的年龄；二忌问别人所买东西的价格；三忌见面时说别人发胖。

美国人喜欢运用手势表情达意，但用不得当只会弄巧成拙。在美国，伸舌头被视为是侮辱人的动作；如果对方挑眉耸肩，意即其听不懂你所说的话，或者显示其对你的讲话不感兴趣；交流时长时间盯着对方看被视为不礼貌的举动；而在讲话时张开双臂则被看作是真诚的表现。

美国人在饮食方面忌食动物的四肢、五趾及内脏；不喜食蒜；餐碟里不许有剩余食物。

2. 加拿大

在加拿大的商人中，约90%是英国和法国人的后裔。我们与加拿人商务往来时，初次见面时宜行握手礼，并做自我介绍。

"13"这个数字在加拿大也被认为代表是厄运的数字，"星期五"被视为灾难的象征。因此，除非特别有必要，在讲话时千万不要提及这些。

加拿大人最忌讳讲话时有人插嘴，同时不要一直盯着别人看，更不要在人前抚弄头发。送鲜花时要记住千万不能送白色的百合花，因此此花是用在葬礼上的。

加拿大人爱吃烤制食品，尤其喜食烤至八分熟的牛排。餐后习惯饮用咖啡和食水果，口味偏甜。

3.巴西

在巴西，通用语言是葡萄牙语。称呼男性时要用senhor（先生）再加上他的姓；称呼女性时要用senhora（夫人）再加上她的姓。商务场合，男士着装必需穿长袖衬衫。切忌不要穿与巴西国旗颜色相类似的黄色、绿色等服装。

在巴西，"13"也被视为是不祥的数字。色彩中的紫色被认为是死亡的象征，棕黄色被视为是凶丧之色。在巴西，与人交谈时千万不要谈论与阿根廷有关的政治问题，赠送礼物时忌讳送手帕，他们认为送手帕会引起吵嘴和不愉快。

另外有一点需要注意，英、美人所采用的表示OK的手势，在巴西人看来是非常下流的，很容易得罪人。也不要做重金属摇滚等手势，在巴西此类手势代表向男人告密：他的太太对他不忠诚了。

巴西饮食以欧式西餐为主，烤肉是巴西人的最爱，主食则是黑豆。在商务交流时，在侍者端上咖啡前，不要谈论与生意有关的话题。

4.阿根廷

与阿根廷朋友交往，初次见面要行握手礼，若是久别重逢的相见，男士间要相互拥抱，女士间互相亲吻脸颊。

在阿根廷，"13"和"星期五"也被视为不吉利的象征。灰色是阿根廷人的忌讳；赠送礼物时不要送他们衬衫、领带、手帕等随身物品；赠送鲜花时忌送菊花，因为菊花是丧礼上专用的花种；日常谈话时忌谈宗教、政治等问题。

阿根廷人偏爱牛肉，主食是玉米，最爱喝马黛茶。马黛茶的饮用方法是用银制的吸管慢慢地。注意吸管不要发出咕噜声，以示对主人的尊重。

5.墨西哥

与墨西哥人打交道，普遍的问候方式是微笑和握手，熟人之间亦可拥抱、亲吻。墨西哥的工作时间与我们不同，在墨西哥政府及公司中午休息时间为3小时。

墨西哥人也忌讳"13""星期五"等字样。紫色也被视为是不祥之色；黄色被视为死亡之色；红色则被视为会带来晦气。墨西哥的恰姆拉人有一个习俗需要格外注意，他们非常反感照相。他们认为照相是一种可怕的巫术，相机会把人变成丑陋的魔鬼。在墨西哥，忌讳用手势来比量身高。

墨西哥人的饮食以玉米为主食，仙人掌佳肴其特色美味。墨西哥人无论对西餐、中餐都非常喜爱。除阿斯特人排斥喝酒外，墨西哥人以嗜酒闻名。

6.智利

智利人初次见面习惯于握手或亲吻对方的右颊，若是熟人之间见面，男性会热烈拥抱，女性则亲吻脸颊。智利人的时间观念特别强，会议从来都是准时开始，准时结束。

智利人同样忌讳"13"和"星期五"这样；颜色中最忌黑色和紫色；赠送礼物时忌讳送刀剑，也不要赠送菊花，因为此花被视为妖花。

智利人习惯以"中国人"作为爱称，是因为他们觉得自己的外貌和中国人相似。在智利，对男孩的爱称是"奇尼多"（意为"小小中国人"），"奇尼达"是对女孩的爱称（意为"中国小女娃"）。当与他人发生口角或受到侮辱时，智利人只以"扫帚"一词予以还击，意即把对方的污言秽语统统扫去。智利人喜爱野百合花，此花被视为是民族和自由的象征。他们喜欢国鸟山鹰，将其视作争取民族解放、捍卫祖国的独立的英雄和烈士的象征。

智利人爱吃烤制的食品和海产品，尤其喜食活鱼。智利人嗜酒也是全球出名的，他们习惯一日四餐，饮食以西餐为主，也喜食中餐。

情景模拟：就餐得体并尽量显出你的修养

场景一　共进中餐

宴会应酬作为现代商务应酬的重要场合之一，有着其特定的礼仪规范与行为标准，在每一个不同的场合需要遵守不同的礼仪规范。酒桌上的讲究，宴会饮酒礼仪，西餐用酒礼仪，酒桌上的规矩，酒桌交谈的宜忌，等等。举办酒局和赴酒局中的人，只有掌握了这些，才能灵活应对，潇洒酒局！

参加人数：2人以上（宾主双方）

训练目的：根据商务交往的需要，我们将与客户或合作伙伴共进午餐。

训练要点：设宴人员首先要清楚受邀赴宴的人数、职位、级别、年龄、性别、饮食偏好等，同时还要注意其是否是少数民族，知悉少数民族餐饮禁忌。如果受邀者是外国朋友，应了解其国别及饮食禁忌。

模拟准备：共进中餐前的订餐、接待及座次安排等。

得分要点：（满分100分）

1. 引导客人按照事先安排好的座次入座。桌次的高低以离主桌位置远近而定，右高左低，座位之间距离要相等，座位安排要整齐统一。座次"尚左尊东""面朝大门为尊"。若是圆桌，则正对大门的为主客，主客左右手边的位置，则以离主客的距离来看，越靠近主客位置越尊，相同距离则左侧尊于右侧。若为八仙桌，如果有正对大门的座位，则正对大门一侧的右位为主客。如果不正对大门，则面东的一侧右席为首席。（20分）

2. 点菜、吃菜的礼仪。若时间允许，应等大多数客人到齐后，将菜单供客人传阅，并请他们点菜。如果你的老板也在酒席上，不要让其点菜，除非他主动要求。如果你是赴宴者，应让主人来点菜。点菜时，要坚持3个规则：看人员组成，看菜肴组合，看宴请的重要程度。点菜时不应问服务员菜肴的价格，或是讨价还价。在安排菜单时，还须考虑来宾的饮食禁忌，特别是要对主宾的饮食禁忌高度重视。（20分）

3. 用餐时要讲究吃相。中餐宴席进餐伊始,服务员送上的第一道湿毛巾是擦手用的,不要用它去擦脸。上龙虾、鸡、水果时,会送上一只小水盂,其中漂着柠檬片或玫瑰花瓣,它不是饮料,而是洗手用的。洗手时,可两手轮流沾湿指头,轻轻涮洗,然后用小毛巾擦干。对外宾不要反复劝菜。客人入席后,主人举杯示意开始时,客人才能开始。夹菜应等菜肴转到自己面前时,再动筷子。要细嚼慢咽,不边吃边聊。不让餐具发出声响。(20分)

4. 用餐结束后,用餐巾、餐巾纸或服务员送来的小毛巾擦擦嘴,但不宜擦头颈或胸脯;餐后不要无节制地打饱嗝;在主人还没示意结束时,客人不能先离席。(10分)

5. 餐巾使用、喝酒礼节到买单问题,熟练掌握,符合规范。(10分)

6. 在餐桌上的行为举止恰当,得体,符合人物身份。演练内容符合文明规范,符合餐桌礼仪要求。(10分)

7. 整个流程衔接紧密,符合当时的气氛.着装自然健康,合乎当时的场景。(10分)

场景二 共进西餐

在商务会晤中,用餐礼仪尤为重要,甚至可能决定整个商务活动的成败,因为我们应该尤为注意用餐礼节。

参加人数:2人以上(宾主双方)

训练目的:根据商务交往的需要,与客户或合作伙伴共进西餐。

训练要点:设宴人员首先要清楚受邀赴宴的人数、职位、级别、年龄、性别、饮食偏好等,同时还要注意其是否是少数民族,知悉少数民族餐饮禁忌。如果受邀者是外国朋友，应了解其国别及饮食禁忌。

模拟准备：共进西餐前的订餐、接待及座次安排等。

得分要点：（满分100分）

1. 入座礼仪得当。享用西餐时最得体的入座方式是从左侧入座。当椅子被拉开后，身体在靠近桌子处站直，当领位者把椅子推进来，小腿弯碰到后面的椅子时，即可就座。用餐时，上臂和背部要靠到椅背，腹部和桌子保持约一个拳头的距离。避免两脚交叉的坐姿。（40分）

2. 正确使用餐巾纸。点完菜后，要在前菜送来之前的这段时间把餐巾轻轻打开，并平铺至腿上。具体做法是将餐巾往内摺三分之一，让三分之二平铺在腿上，以盖住膝盖以上的双腿部分为好。不要把餐巾直接塞入领口。（20分）

3. 正确地使用西餐餐具。遵循"左手拿刀，右手拿叉"的原则，注意要将叉尖朝下。用餐时要文雅大方，切忌弄出声响。（20分）

4. 整个用餐过程不要抽烟，实在憋不住打喷嚏时要捂住口鼻，并将脸偏向一侧，随后深表歉意。（10分）

5. 整个用餐过程轻声细语，无声喧哗，用餐过程中气氛和谐、融洽。用餐结束后，双方人员握手道别。（10分）

第六章

销售公关："礼"遇成功

销售就是卖品质，销售人员的素养是企业诚信、个人诚信的直接体现。一个优秀的销售人员会随时注意自身的言行举止，因为他深知自己代表的是整个公司的利益。一个销售经理如果不懂商务礼仪，他的业务将很难拓展，他在社会上也将寸步难行。有"礼"才能行遍天下，这是永远不变的法则，也是做人做事的根基。

销售人员之举止礼

销售人员是一个企业精神面貌的写照，无论是对本单位还是外来人员，都应体现出企业对他人、对社会的尊重和责任心。一个企业待人接物的礼仪水平，正是从每个职员的言行举止中体现出来的。因此，每一位销售人员都应牢记，自己的言行代表着企业的形象，应自觉地遵从必要的言行举止礼仪。

1.仪表端庄，仪容整洁

无论是男职员还是女职员，上班时应着职业装。有些企业要求统一着装，以体现严谨、高效率的工作作风，加深客人对企业的视觉印象。有些企业虽没有统一服装，但都对上班时的服装提出明确的要求。

男士上班应穿白衬衣或西服，扎领带。衬衣的下摆一定要扎入裤腰里。应穿深色的皮鞋。服装必须干净、平整，不应穿花衬衣、拖鞋、运动服上班。不留胡须，不留长发，头发梳理美观大方，才能衬托出本人良好的精神状态和对工作的责任感。

女士上班应着西服套裙或连衣裙，颜色不要太鲜艳、太花哨。上班不宜穿太暴露、过透、太紧身的服装或超短裙，也不能穿奇装异服、休闲装、运动装、牛仔装等。应穿皮鞋上班，皮鞋的颜色要比服装的颜色深。应穿透明的长筒丝袜，袜口不能露在裙口下，不能有钩破的洞。不应穿凉鞋、旅游鞋上班。佩戴首饰要适当，符合规范。发型以保守为佳，不能新潮。最好化淡妆上班，以体现女性端庄、文雅、自尊自重的形象。

2.言语友善，举止优雅

销售人员的站坐行走，举手投足，目光表情，都能折射出一个人良好的文化素养、较强的业务能力和工作责任心，同时也体现了企业的管理水平。

真诚微笑是一般社交场合最佳心态的表现。微笑是一种无声的语言，它是对自己价值的肯定，对他人的宽容和友善，是稳重成熟的表现。微笑是自信、是真诚、是自尊、是魅力的体现。上班时与同事、领导微笑问好，下班微笑道别。接人待物、邀请、致谢都应有真诚的微笑。不要把喜怒哀乐都流露于脸上，否则会让人感到你不够成熟、自控力不强。

在与人交流时话语要谦和，说话声音要轻，不能在办公室、过道上大声呼唤同事和上级，无论是对同事、上级还是来访者，都应使用文明用语。说话不要刻薄，与客户开玩笑要适度，不能挖苦别人、恶语伤人，更不能与人窃窃私语。

公司职员的行为举止应稳重、自然、大方、有风度。走路时身体挺直，步速适中、稳重、抬头挺胸，给人留下正直、积极、自信的好印象。不要风风火火、慌慌张张，让人感到你缺乏工作能力。坐姿要优美，腰挺直，头正，不要趴在桌子上，歪靠在椅子上。有人来访时，应点头或鞠躬致意，不能不理不睬。与人交流时不能吃东西、剪指甲、唱歌、化妆，更不能与熟悉的同事追追打打有失了体面。谈话时手势要适度，不要手舞足蹈，过于做作。

3.恪守职责，高效稳妥

销售人员应树立敬业爱岗的精神，努力使自己干一行、爱一行、钻一行，以饱满的工作热情、高度的工作责任心，开创性地干好自己的工作。工作中一丝不苟，精益求精，讲究效率，减少或杜绝差错，按时、按质、按量完成每一项工作。领导交给任务时，应愉快接受，做好记录，确保准确。然后认真办理，及时汇报。恪尽职守，严守机密。

商务销售之应变礼

　　一个深谙言语之道的人，在任何场合都能把话说得滴水不漏，即便遇到让人尴尬的局面，也能巧妙化解僵局。尤其在与客户交谈时，更要懂得随时以一变而应万变。

　　如果你面对的是一个自大傲慢、根本不把你放在眼里的客户，你一定会感到手足无措，更不要谈开展销售洽谈的工作了。但是，也不能就这么心怀紧张地默默应对，那么，销售人员这时候应该怎么做呢？原一平在应对这种客户上就很有办法。下面先来看一下他的故事。

　　有一天，销售之神原一平访问某公司总经理。

　　他拜访客户有一条规则，一定会做周密的调查。根据调查显示，这位总经理是个"自高自大"型的人，脾气很怪，没什么嗜好。

　　这是一般销售人员最难对付的人物，不过对这一类人物，原一平倒是胸有成竹，自有妙计。

　　原一平向前台小姐报名道姓："你好，我是原一平，已经跟贵公司的总经理约好了，麻烦你通知一声。"

"好的，请等一下。"

接着，原一平被带到总经理室。总经理正背着门坐在大班椅上看文件。过了一会儿，他才转过身，看了原一平一眼，又转身看他的文件。

就在眼光接触的那一瞬间，原一平有一种讲不出的难受。

忽然，原一平大声地说："总经理，您好，我是原一平，今天打扰你了，我改天再来拜访。"

总经理转身愣住了。"你说什么？"

"我告辞了，再见。"

总经理显得有点惊慌失措。原一平站在门口，转身说："是这样的，刚才前台小姐说给我1分钟的时间，让我拜访总经理并向您请安，如今已完成任务，所以向您告辞，谢谢您，改天再来拜访您。再见。"

走出总经理室，原一平早已急出一身汗。

过了一天，原一平又硬着头皮去做第二次的拜访。

"嘿，你又来啦，前几天怎么一来就走了呢？你这个人蛮有趣的。"

"啊，那一天打扰您了，我早该来向您请教……"

"请坐，不要客气。"

……

由于原一平采用"一来就走"的妙招，这位"不可一世"的客户比上次"乖"多了。

原一平面对这种自大傲慢的客户，没有像有些销售人员那样，被客户给震住——吓得大气不敢出，而是在等了一段时间后，大胆喊话，让客户引起注意，而引起注意后，却没有留下来，继续他的销售说服工作，而是告辞而去，这样一来，会让客户对于自己的失礼感到愧疚———一个已经对你心怀愧疚的客户，还会在你下一次的拜访时对你傲慢相待吗？

果然，第二次拜访时，客户竟然主动地与他交谈了。

从上述案例也不难看出，原一平在采用这种应对话术时，他讲得很有分寸，并没有怪客户对自己的傲慢，而是全由客户的方面去考虑来讲话的。他这种欲擒故纵的方式，竟然一下子把这个傲慢的客户给拿下了。

要知道，销售没有固定的技巧，也没有一定成规。一名优秀的销售人员知道见到什么人说什么话，他们往往能够灵活地随机应变而不失礼。只有这样，才能使销售取得成功。

销售语言之沟通礼

这是一个充满规则的社会，无论是表面规则还是潜规则，各自领域的人必须遵守。商务活动中也不例外，商务应酬也有其特定的语言规则。

一般说来，商务销售公关时常用的语言内容可从如下几个方面去考虑。

1. 以社会热门话题开始

在与客户沟通的时候，语言的内容非常广泛，说不上有什么固定的话题，更无所谓话题的好坏。关键在于根据对方的情况，因时、因地制宜，恰当选择，灵活运用，使之真正起到加深了解、加强合作的作用。

一般说来，为了迅速拉近彼此的距离，销售人员可以选择社会上人们比较熟悉的热门话题开始自己的交谈。如时令、气候、环境以及时事、新闻，是人们比较关注的话题。由此引出话题自然贴切，还可以从中发现对方的一些独特见解，引起对方的交谈兴趣。

2. 从对方的性格、爱好入手

人们的性格、爱好、烦恼、隐私等与感情的喜怒哀乐有着紧密的联系，它牵扯着一个人大脑中的许多兴奋点。从这些方面入手寻找寒暄的话题，常常可以进入对方的心灵，引起对方感情上的共鸣。

3. 选择对方的职业和发展方向

这是最易触动对方那根敏感神经的话题。人人都关心自己的前途，对自己的未来有无数的遐想，你能与他"谈"在一起，你便是他的"同盟"。

4. 用疑问表示关切与问候

根据对方的情况和客观环境特点进行嘘寒问暖，表示关切与问候。如"近来身体好吗？""年底工作忙吧？""孩子们听话吗？""生意怎么样？"这些问话需要先有某种程度的了解，并带有一定的针对性。

5. 用肯定的语气表示夸赞

根据对方的所见所闻，针对对方的某些长处和成绩予以诚心诚意的夸赞，以满足对方作为普通人所期望得到的肯定与承认的心理需求，引发"认同感"。比如："老张，你创造的那种新工艺，应该得到发明奖。它不仅能缩短工时，还能提高产品质量，非常不错。"肯定式的陈述比那种感叹更客观、更具体，容易深入人心。

6.通过反问满足对方的优越感

你能恰到好处地表示出自己"不知道"，便可激发对方的表现欲，满足对方的优越感。例如："是吗？我怎么不知道呢？"当你这样说话时，对方会很得意地把他所知道的全告诉你，同时补充他自己的看法。

7.规避"空当"

谈话人在说到兴头上时，会留下许多空当。你若能及时而准确地谈出对方想要说出的内容，你就能同他的思想感情融为一体。因此，细心地倾听对方说话，积极地配合对方的思路进行思考，这是非常重要的。

销售中，一个优秀的业务员总是深谙讲话之道，他们懂得如何说话、说些什么话、怎么把话说到对方心坎里。嘴上功夫看似雕虫小技，却有可能扭转人的一生。

销售中，说话要有分寸，分寸拿捏得好，很普通的一句话，也会平添几许分量；话少又精到，给人感觉深思熟虑。而说话的分寸取决于与你谈话的对象、话题和语境等诸多因素。换句话说，要言之有度。

有度的反面则是"失度"，什么叫作"失度"呢？一般说来，对人出言不逊，或当着众人之面揭人短处，或该说的没说，不该说的却都说了。这些都是"失度"的表现。下面我们就简要介绍一些在谈话中禁忌的话题，接触这些话题容易导致谈话"失度"，产生不良效果。

（1）随意询问健康状况

向初次见面或者还不相熟的人询问健康问题，会让人觉得你很唐突。当然如果是和十分亲密的人交谈，这种情况不在此列。

（2）谈论有争议性的话题

除非很清楚对方立场，否则应避免谈到具有争论性的敏感话题，如宗教、政治等易引起双方抬杠或对立僵持的话题。

（3）谈话涉及他人的隐私

涉及别人隐私的话题不要轻易接触，这里包括年龄、东西的价钱、薪酬等，容易引起他人反感。

（4）个人的不幸

不要和客户提起他所遭受的伤害。例如，他离婚了或是家人去世等。当然，若是对方主动提起，则要表现出同情并听他诉说，但不要为了满足自己的好奇心而追问不休。

（5）讲品位不高的话

一些有色的笑话，在房间内说可能很有趣，但在大庭广众之下说，效果就不好了，容易引起他人的尴尬和反感。

销售人员在与客户的交流中，谈话要有分寸，认清自己的身份，适当考虑措辞。哪些话该说，哪些话不该说，应该怎样说才能获得更好的交谈效果。同时还要注意讲话尽量客观，实事求是，不夸大其词，不断章取义。讲话尽量真诚，要有善意，尽量不说刻薄挖苦别人的话，不说刺激伤害别人的话。以免大意失荆州。

销售语言之禁忌礼

人的语言是变幻无穷的，尤其是在销售工作中，把话说得好能起到事半功倍的效果，说得不好则会影响整个销售的成败。如果不清楚自己说话的缺陷，也可以试着拿一面镜子对照自己说话的姿态：是否手势过多，是否翘起嘴角，是否表情难看，是否过于冷漠、紧张、僵硬，是否强抑声调……

以下几点是我们销售工作中易犯的禁忌，我们可以对照检查，并加以改正。

1.说话时惯用鼻音

用鼻音说话是一种常见且影响极坏的缺点，当你使用鼻腔说话时，就会发出鼻音。如果你用大拇指和食指捏住鼻子，你所发出的声音就是一种鼻音。如果你说话时嘴巴张得不够，声音也会从鼻腔而出。在电影里，鼻音是一种表演技巧。如果演员扮演的是一种喜欢抱怨、脾气不好的角色，他们往往爱用鼻音说话。如果你使用鼻音说话，鼻音对于女人的伤害比对男人更大。你不可能见到一位不断发出鼻音，却显得迷人的女子。如果你期望自己在他人面前具有极大的说服力，或者令人心荡神摇，那么你最好不要使用鼻音，而应使用胸腔发音。正确的方法是，平时说话时，上下齿之间最好保持半寸的距离。

2.说话的声音过于尖细

一个人受到惊吓或大发脾气时，往往会提高嗓门，发出刺耳的尖叫。一般女性犯此错误居多，要多加注意。因为尖锐的声音比沉重的鼻音更加难听。你可以用镜子检查自己有无这一缺点：脖子是否感到紧张？血管和肌肉是否像绳索一样凸出？下颚附近的肌肉是否看起来明显紧张？如果出现上述情形，你可能会发出刺耳的尖声。这时你就要当机立断，尽快让自己松弛下来，同时压低自己的嗓门。

3. 说话速度忽快忽慢

一般来讲，说话的速度很难掌握，你的思想、情绪和说话的内容会影响你表达的快慢。即使是一些职业演说家或政治家，有时也不容易把握好自己说话的速度。说话太快，别人就听不懂你在说些什么，而且听得喘不过气来。说话太慢，又会使人失去耐心。据专家研究，比较合适的说话速度为每分钟120~160个字之间。当我们朗读时，其速度要比说话快。说话太快、太慢都不好，但说话的速度不宜固定，说话中把握适度的停顿和速度变化，会给你的讲话增添丰富的效果。

为了测量自己说话的速度，你可以按照正常说话的速度念上一段演讲词，然后用秒表测出自己朗读的时间。如果你说话的速度不到上面那个标准，就可以试着调整说话速度，看是否会收到良好的效果。

4. 口头禅过多

商务应酬中，人们常听到这样的口头禅，如"那个""你知道不""是不是""对不对""嗯"等。如果一个人在说话中反复不断地使用这些词语，一定会损失自己说话的形象。口头禅的种类繁多，即使是一些伟大的政治家在电视访谈中也会出现这种毛病。

当然谈话中"啊""呃"等声音过多，也是一种口头禅的表现。著名演说家奥利佛·霍姆斯说："切勿在谈话中散布那些可怕的'呃'音。"如果你有录音机，不妨将自己打电话时的声音录下来，听听自己是否有这一毛病。一旦弄清了自己的毛病，那么以后在与人讲话的过程中就要时时提醒自己注意这一点。

5. 惯讲粗话

讲粗话是说话的恶习。俗话说，习惯成自然。随便什么事情，只要成了习惯，就会自然地发生。讲粗话也是如此。一个人一旦养成了讲粗话的习惯，往往是出口不雅，自己还意识不到。讲粗话是一种坏习惯，是极不文明的表现，但要克服这种习惯也并不是一件易事。比较有效的办法是，找出自己出现频率最高的粗话，集中力量首先改掉它。首先是改变讲话频率，每句话末停顿一下；其次讲话前提醒自己，改变原有的条件反射。出现频率最高的粗话改掉了，其他粗话的克服也就不难了。

请别人督促也很重要。当然，这里的"别人"最好是了解自己的人，这样督促起来可以直截了当。由于有时自己讲了粗话还不知道，请别人督促就能起到提醒、检查的作用。督促还有另一层心理意义，那就是造成一种不利于原有条件反射自然发生的外界环境，以促进旧习惯的终止。

6. 说话结巴

"结巴"是口吃的通称。

"结巴"对于极个别的人来说是一种习惯性的语言缺陷，是一种病态反应。他们也被称为口吃患者。口吃就是说话时字音重复或词句中断的现象，要想治愈说话"结巴"的毛病，除药物治疗外，更重要的是去除心理障碍。

日本前首相田中角荣少年时代就是口吃患者。为了克服这个缺陷，他常常朗诵课文，为了发音准确，就对着镜子纠正嘴形，后来他成了一位著名的政治家、演说家。有口吃的人不妨试一试这个方法，坚持朗读文章，只要坚持不懈并保持良好的心态，相信一定会产生好的效果。

7. 说话时毛手毛脚

毛手毛脚，意即说话时动作过于频繁。可以检查一下自己，是否在说话时不断出现以下动作：坐立不安、蹙眉、扬眉、歪嘴、拉耳朵、摸下巴、搔头皮、转动铅笔、拉领带、弄指头、摇腿等。这都是一些影响你说话效果的不良因素。当你说话时，动作过于频繁，听者就会被你的这些动作所吸引，根本不可能认真听你讲话。

商务应酬中，说话不仅可以表现一个人的内在形象，更可以体现出一个人的内在修养。

那些讲话磕磕绊绊没有任何节奏感的人，很少能够打动我们。这样的人，几乎说不出什么值得我们去注意的东西。只有懂得说话的节奏、思路清晰的人，才会有活跃的思维。

掌握好节奏的最高境界是说话自然流利。当然，恰当的停顿不属于不流利，因为我们经常利用停顿展开新的思路，或者从一个要点过渡到另一个要点，或者重复某个词以期给听众留下更深一层的印象。

磕绊的次数是可以数出来的。这也是熬过听那些令人生厌的讲话的有趣方法。在你自己的讲话中，请别人统计一下，你发生磕绊的次数，具有很大的实际价值。

很少有人能够在即兴讲话中不出现磕绊情况。有研究发现最多能达到每分钟30处，有许多的教授也有20处之多。

销售语言之谈吐礼

在商务场合，有的销售人员很快就能抓住交谈的重要，找到心仪的合作伙伴，进而交易成功。而有的人却夸夸其谈半天，旁人不知所云。那么，在商务销售中，如何把握说话的节奏，如何做到谈吐得体不失礼呢？

1.熟悉讲话主题

当我们的思考不发生任何迟疑的情况时，要说的话也自动地到了嘴边。充分的准备可以增加流利程度，因为这能增加自己的自信心，从而更能坚信自己要讲的东西。另外，熟悉主题会使讲话者有更大激情。这种激情会使讲话者的整个身心都投入到其演说的境界之中。这样，流利也就不成其问题了。

2.说话发音准确

发音含糊不清是说话犹豫的一种表现。如果讲话者连续几个地方都有迟疑不决的现象，就会使人感到他其实并不知自己在讲什么，而是在头脑中力图发现哪儿出了毛病，结果说话更加不流利。因此，如果我们有意识地在流利方面做出一些努力，会收到很好的成效；反之，如果我们认为到时候自然会流利起来，那结果将只有失望。

3.主动热情

我们注意到，人们激动时，声音变高，语速变快。此时，语言似乎更加流利。所以，在演讲时，要用你的热情感染他人，要大声讲话。如果你的情绪已经紊乱，如果你站在听众前面怕得发抖，你就特别要大声地讲话。

4.快想慢说

当你迅速讲话时，你的心理便能更快地发挥功能。就像阅读一样，如果你能集中力量快速阅读，那么，在你只用于读一本书的时间内，你就能读两本书，并且获得更透彻的理解。

掌握好说话的节奏，使说话就像琴弦一样有张力，像流水一样缓缓东流。对此，我们应去积极地学习。做到话语中肯，言之有物。

5.朴素简洁

人们常问，如何才能更好地表达出自己真实的思想和感情呢？——这里有一个公开的秘密，所用的方法既非奇异，更非幻术，说穿了就是平凡、朴素、简洁。

6.直击重点

常言道："言为心声。"话说的好坏，主要取决于说话者的思想水平、文化修养、道德情操，但讲究语言的艺术也同样十分重要。同样一种思想，从不同的人嘴里说出，往往会收到不同的效果。

良好的谈吐可以助人成功，蹩脚的谈吐则令人障阻重重。在商务应酬中，我们身边的人总是多种多样，有口若悬河的，有期期艾艾、不知所云的，有谈吐隽永的，有语言干瘪、意兴阑珊的，有唇枪舌剑的……。人们的口才能力有大小之分，说话的效果也是天差地远。因此，要想在说话上成为高手，达到"到什么山上唱什么歌"的境界，就必须要把握其中的奥秘。

一个人的话能否被别人所接受，取决于他的可信度。而要提高可信度，不仅在形象上要做到衣饰恰当、举止大方、谈吐自然得体、眼神专注、表情沉稳等，还要会观察对方。

不同的人接受他人意见的方式和敏感度都是不同的。一般来说，文化水平较高的人，不屑听肤浅、通俗的话，对他们应多用抽象的推理；文化层次较低的人，听不懂高深的理论，对他们应多举明显的事例；对于刚愎自用的人，不宜循循善诱，可以激他；对于喜欢夸大的人，不必表里如一，不妨诱导；对于生性沉默的人，要多挑动他发火；对于脾气急躁的人，用语要简明快捷；对于思想顽固的人，要看准他的兴趣点，进行转化；对于情绪不正常的人，要让他恢复正常后再谈。如此等等，只有知己知彼，才能对症下药，收到最好的说话效果。

古语说："凡事豫（预）则立，不豫（预）则废。"所以说话前，你有必要对下列问题仔细地考虑：你要对谁讲，将要讲什么，为什么要讲这些内容，怎么讲法，有什么有利因素和不利因素，怎样处理等。

商务舞会之预备礼

在各式各样的社交性聚会当中，舞会可谓是最普遍的形式之一，其号召力最强、深受各界人士的欢迎。实际上，舞会也的确是商务往来、人际交往的一种轻松、愉快的良好形式。

在优美的乐曲伴奏下，美妙的灯光照映下，人们不仅可以获得自我放松，还可以借此机会联络老朋友，结识新朋友，扩大自己的人脉社交圈。因此，舞会的参与者，在舞场之上一定要时刻注意自己的行为举止，遵守舞会的礼仪规范。

1. 参加舞会的礼节

舞会是一种既有娱乐性又有很强的社交性的外来文化。舞会主办者所请的宾客，往往是一些和主人事务相关联的人物。尤其公司企业主办的舞会，大都是为了开辟一个纯粹的社交场合，为解决与自己工作相关事项而提供的一个有效的平台，便于业务工作的顺利开展。而参加这种舞会有很多事项需要注意。

了解被邀者的背景材料，清楚举办一次舞会的目的是至关重要的。在舞会上遇到熟人要点头示意或者握手，但注意声音不要过大，以免影响他人。

男士在音乐响起后，要去主动邀请女伴。走到女士面前，微微鞠躬，请她跳舞。舞毕表示谢意之后，应把女伴送回座位。若有女士陪同你前往，先把她介绍给女主人，并请她跳第一支和最后一支曲子。如果有人把一位女伴介绍给你，你就必须请她与你跳一次舞。

在有正式节目单的舞会上，你也可以事先与某人约好共跳某支曲子。舞会上，女士一般不要轻易拒绝男士的邀请，礼貌而有气质地邀请男士跳舞也是可以的。

参加舞会应讲究个人卫生，头发、口腔、手等各个部位都应当保持清洁，身体有汗味儿，会引起舞伴的反感。跳舞过程中，最好不要戴帽子、吸烟、吃东西、哼歌曲。共舞双方应保持适当距离，既不要太贴近，也不要过分疏远。要将目光越过对方肩部射向斜前方，表现出平和的心境，盯视对方是不礼貌的。跳舞过程中要从容不迫，切勿突出自我。

2.舞会组织者的准备

举办舞会的时间最好在晚上7点以后至11点以前，一般以不超过3小时为宜，否则将影响休息和工作。舞场的选择应当视舞会的规模和人数来确定。邀请的男女客人数量应大体相等。

被邀请的对象一经确定，就应发出请帖。请帖一般应提前一个星期发出，以便于客人及早做出安排或回复。

舞会的音乐伴奏十分重要。节奏明快、旋律优美的音乐，会使人心旷神怡，怡然自得。因此，舞会最好请一个乐队伴奏。如果条件有限，也可以用音响代替。音响效果的好坏对舞会的成功与否有着直接的影响。如果使用音响，最好选一些文明高雅适合跳不同舞步的舞曲。舞会进行到一定时候，还可以请朋友中会唱歌的伴唱，激发大家的兴趣。

舞会场所除了应有一个足够被邀请者跳舞的舞池以外，还应有衣帽间、饮料室和停车场。舞场应宽敞明亮，适当加以装饰，灯光要柔和。

3.参加舞会者的准备

（1）容貌

参加舞会，容貌必须整洁干净，头发要梳理得整整齐齐，口腔、手等部位都应清洁，最好事前刷一次牙、洗一次澡，避免口中有异味、身上有汗味，有胡子的男性要修修胡子。参加舞会不要吃带有强烈刺激气味的食品，否则，满口蒜、葱等气味，这是对对方不尊重的表现。

（2）服装

参加舞会，衣着穿戴要整齐、美观、大方、清洁。参加舞会的服饰要尽可能和环境融成一体。过于灰暗的服饰,与舞会的气氛不大协调,应以红、橙、黄等暖色为主调,辅以浅蓝、淡绿等色彩。女士服装既要美观醒目,又要结合自身条件,显得和谐自然和落落大方,以漂亮、鲜艳、飘逸、轻便为宜。男士的最佳舞会服装当推西装,笔挺的衣料,再配上合适的领结、黑亮的皮鞋,给人一种充满活力的印象。

4. 舞会着装要求

如果是客户在家里举办的小型生日聚会等活动,要选择与舞会的氛围协调一致的服装,女士则最好穿便于舞动的裙装或穿旗袍,搭配色彩协调的高跟皮鞋。

作为男士,一定要头发干净,衣着整洁。一般的舞会可以穿深色西装,如果是夏季,可以穿淡色的衬衣,打领带,最好穿长袖衬衣。

如果应邀参加的是大型正规的舞会,或者有外宾参加,这时的请柬会注明:请着礼服。接到这样的请柬一定要提早做准备,女士在正式场合要穿晚礼服。晚礼服源自法国,法语是"袒胸露背"的意思。有条件经常参加盛大晚会的女士应该准备晚礼服,偶尔用一次的可以向婚纱店租借。近年也有穿旗袍改良的晚礼服,既有中国的民族特色,又端庄典雅,适合中国女性的气质。

小手袋是晚礼服的必须配饰。小手袋的装饰作用非常重要,缎子或丝绸做的小手袋必不可少。

穿着晚礼服一定要佩戴首饰。露肤的晚礼服一定要佩戴成套的首饰,如项链、耳环和手镯。晚礼服是盛装,因此最好要佩戴贵重的珠宝首饰,在灯光的照耀下,首饰的闪光会为你增添光彩。

男士的礼服一般是黑色的燕尾服，黑色的漆皮鞋。正式的场合也需戴白色的手套。男士的头发一定要清洁。因为跳舞时两人的距离较近，要保持口腔卫生，最好用口腔清新剂。

商务舞会之邀拒礼

交谊舞广泛流行于世界各国，它既体现着人们的活力、青春和朝气，又是一种很好的社交方式。参加交谊舞会，在向别人邀舞时，必须注意以下礼节。

在舞会上，一般都是男士邀请女士跳舞。在关系很好、很熟的情况下，也可以女士邀请男士。如果是女士邀请男士，男士一般不得拒绝。

男士如有意邀请一位素不相识的女士跳舞时，必须先认真观察她是否已有男友伴舞；如有，一般不宜前去邀请，以免发生误会。

邀请时，男士应步履庄重地走到女士面前，弯腰鞠躬，同时轻声微笑说："想请你跳个舞，可以吗？"弯腰以15°左右为宜。

在正常的情况下，两个女性可以同舞，这意味着她们在现场没有舞伴。但两个男性却不能同舞，因为这样意味着他们不愿意向在场的女士邀舞，这是对女性的不尊重。所以，只有当两位女士已在跳舞池内起舞时，两位男士才可采取同舞的方式，追随到她们身边，然后共同向她们邀舞，再分别组成新的两对舞伴。

在邀请别人跳舞时，邀请者的表情应自然、谦恭、有修养，不要紧张做作，更不能举止粗俗。如果叼着香烟去请人跳舞，会被女士拒绝，也会影响舞会的良好气氛。

男士邀请女士跳舞，如果女士不想跳，不能勉强。不论男士或女士，一个人单独坐在远离人群的地方，别人就不要去打扰。如果坐在一群人中间，则可以走过去邀请对方跳舞。

邀请舞伴，要观察一下对方的情况，不要几个人同时抢邀一个舞伴，更不能为邀舞伴而发生争吵，在舞会上争夺舞伴是十分不礼貌的。

在朋友相聚的舞会上，男士应避免全场只同一个女子跳舞。男士如果仅仅和妻子跳舞也是不礼貌的。

在家庭舞会中，第一场舞应由主人夫妇、主宾夫妇共舞，如果夫人不跳，也可由已成年的女儿代之。第二场舞应由男主人与主宾夫人、女主人与男主宾共舞。舞会上，男主人应陪无舞伴的女宾跳舞或为她们介绍舞伴，并要照顾其他的客人。男宾应轮流邀请其他女宾，而其他男宾则应争取先邀女主人共舞，其次是女贵宾，再次是女主人家庭的女亲属。

参加舞会，邀请者固然应当彬彬有礼，但受邀者也应当落落大方，彼此都应表现出良好的思想修养和高雅的文化素质。如果决定拒绝别人的邀请时，则要注意礼貌待人。

一般情况下，女士最好不要拒绝别人的邀舞，如果决定谢绝，则应说："对不起，我想休息一下。"或者说："真对不起，我不会跳舞。"以此求得对方的谅解。

如果女士已经答应和别人跳这一场舞了，则应向前来邀请者表示歉意："对不起，已经有人邀我了，等下一曲吧。"

已经婉言谢绝别人的邀请后，在一曲未终了时，女士不应同别的男士共舞，否则会被认为是对前一位邀请者的蔑视，是很不礼貌的表现。

如果同时有两位男士邀请一位女士跳舞，女士最好是礼貌地谢绝。如果已接受其中一位的邀请，对另一位则应表示歉意，礼貌地说："对不起，请等下一曲吧。"

当女士已经拒绝一次男士的邀请后，如果这位男士再次前来邀请，在确定无特殊的情况下，不应再次拒绝，女方应愉快接受邀请。

如果自带舞伴，两个人多跳几场当然可以，但如果别人来请，不能一概拒绝，更不能说一些不礼貌的话。

如果夫妇二人同去参加舞会，跳过一曲后，有人前来邀请夫人，先生应按礼节促请夫人接受，决不能代夫人回绝对方，这也是有失礼节的表现。

此外，在参加舞会时一定要注意自己的舞姿风度。跳舞的风度，主要是指人在跳舞时的姿态和表情。姿态是人的外在动作，表情则是其内在的感情。在舞会上，怎样做才算是有风度呢?

舞姿要端正、大方和活泼，整个身体应始终保持平、正、直、稳，保持好重心，身体不要摇晃。跳舞时，男女双方都应面带微笑，说话要和气，声音要轻细，不要旁若无人地大声谈笑。

神情、姿态要轻盈自若，给人以欢乐感。表情应谦和悦目，动作要协调舒展，男士不要强拉硬拽，女士不挂、扑、靠、扭。

跳舞时，男方的右手应手心向下向外，用大拇指的背面轻轻将女方挽住，而不应用右手手掌心紧贴女方腰部，左手使左臂以弧形向上与肩部成水平线举起，掌心向上，拇指平腰，只将女伴的右掌轻轻托住。女方的左手应轻轻地放在男士的右肩上，右手轻轻地搭在男士的左手上。跳舞行进中，双方握得或搂得过紧，都是有失风度的。

跳舞时，双方的身体应保持一定的距离。跳四步舞时，舞步可稍大些，表现出庄重、典雅和明快的姿态；跳三步舞时，双方应保持一定的距离，让身躯略微昂起向后，使旋转时重心适当，表现出热情、舒展、轻快和流畅的情绪与节奏；跳探戈舞时，随着乐曲中切分音所含节拍的弹性跳跃，男女双方的舞姿与步法变化较多，舞步可稍大些；跳伦巴舞时，男女双方可随着音乐节奏轻轻扭动腿部及脚踝，臀部不应大幅度地摆动。

跳舞是一项精彩的娱乐活动，当你和舞伴配合默契随着音乐翩翩起舞时，你会感受到一种因和谐而产生的愉悦。当你以娴熟的舞步、优雅的举止赢得一批新朋友时，跳舞又成了一项有益的社交活动。

舞蹈礼仪就如我们日常生活礼仪一样，让所有行为规范系统化，建立令人愉快的气氛，快乐地享受跳舞的乐趣，避免在舞蹈中不经意造成伤害，或侵犯到别人。

社交舞中最优先考虑的基本原则是安全及其他舞伴者的方便，以下几个规则可以帮助我们避免在舞会中发生尴尬。

第一，参加舞会时，所有的男士、女士都必须穿着整洁得体。灯芯绒或格子呢的、肘部打补丁的休闲西装不宜出现在十分正规的舞会上。即使是夏天，男士也得穿长裤去参加舞会，穿西装短裤、沙滩裤去跳舞是不礼貌的。

第二，不管舞会是否正式，都应穿舞鞋，别穿运动鞋或任何胶底鞋，因为它们会紧附在地板上，当你做旋转动作时会导致膝盖受伤。

第三，如果参加"迪斯科专场"舞会，装扮就不必受以上约束。T恤、牛仔裤、超短裙、运动鞋都可以穿，人们只求在扭摆中宣泄得酣畅淋漓，领带、高跟鞋反倒成了累赘。

第四，避免穿无袖或吊带的衣服，尤其在较活跃的舞中，因为触摸到舞伴湿漉漉的肌肤并不是件愉悦的事。

第五，女士的配件如大耳环、手表、胸针、长项链、大皮带头，在舞池中都是危险物品，它们都可能勾到舞伴的衣服或刮伤、碰肿，这都是麻烦的事。

第六，袖口低于腋窝的衣着并不适宜，尤其拉丁舞中男士常扶着女士的背部，一不小心就会抓到宽松的衣袖。

第七，女士长发应往上盘好，或梳理服帖，否则在转圈时头发甩到男士的脸可不好玩。

第八，一般由男士带领女士跳舞，女士应密切配合。无论舞步娴熟与否，男士应带领舞伴与舞场中其他人的舞蹈方向保持一致，一般按逆时针方向绕行，而不要在舞场中横冲直撞。跳舞时不小心踩了对方的脚，应马上说"对不起"。

第九，男士不要因为紧张而把舞伴搂得太近，或把舞伴的手握得太牢，这样容易引起误会。女士也要放轻松，不要把全身的分量都压在舞伴身上。如果女士发现舞伴故意搂紧自己，或某支舞曲放个没完没了，使自己很不耐烦，女士可以不失礼貌地说："我累了，想回座位上去。"

情景模拟：拜访得体并尽量显出你的专业

场景一　拜访客户

参加人数：2人（销售员、客户）

训练目的：根据工作需要，销售人员前去拜访客户。

训练要点：拜访之前首先要清楚受访者的职位、级别、年龄、性别等，若受访者是外国朋友，应了解其国别。

模拟准备：适合约见的场所、所需的资料道具。

得分要点：（满分100分）

1. 提前约好拜访时间，从着装到外形打理好自身形象，准时赴约。（10分）

2. 到达时，告诉接待员或助理你的名字和约见的时间，递上你的名片以便助理能通知对方。（10分）

3. 等待时保持安静，尽量不要不耐烦地总看手表。如果你等不及，可以向助理解释一下并另约一个时间。无论何种原因，都要对接待或助理有礼貌。（10分）

4. 当被告知去哪里见面时，若无人引见则要讲究敲门的艺术。要用食指敲门，力度适中，间隔有序敲三下，等待回音；如无应声，可再稍加力度，再敲三下；如有应声，再侧身隐立于右门框一侧，待门开时再向前迈半步，与主人相对。（20分）

5. 当被引见到约见者办公室时，则可直接进入。若是初次见面，就要先做自我介绍；若是已经认识，互相问候握手即可。（10分）

6. 主人若无示意，不能随便坐下。如果主人是年长者或上级，主人不坐，自己不能先坐。主人让座之后，要道声"谢谢"，然后采用规矩的礼仪坐姿坐下。主人递上烟茶要双手接过并表示谢意。若主人不吸烟，你也不要吸烟，以示对主人的尊重。主人若献上果品，要等年长者或其他客人动手后，自己再取用。（20分）

7. 跟主人谈话，语言要客气。尽可能快地步入正题，清楚直接地表达你要说的事情，不要讲无关紧要的事情。说完后，让对方发表意见并认真听，不要辩解或打断对方讲话。谈话时间不宜过长。（10分）

8. 起身告辞时，要向主人表示"打扰"之歉意。出门后，回身主动伸手与主人握别，说："请留步。"待主人留步后，走几步，再回首挥手致意："再见。"（10分）

场景二 电话回访

电话回访一般分为两种情形：一种是交易成功，跟踪服务；另一种是谈判失败，用回访的方式促成交易。此次模拟训练着重第二种情形。

假如上次谈判因某种原因而未能达成合作，那么电话回访就是促成成交的一个有效手段。仔细分析失败的原因，比如是否准确地了解和把握了客户的需求和购买动机，在推销过程中运用的诉求与客户的需求和购买动机是否一致？接近时是否能引起客户"注意"和决策行为？

参加人数：2人（销售员、客户）

训练目的：根据工作需要，销售人员要对客户进行电话回访。

训练要点：销售人员首先要清楚对方职位、年龄、性别等。通过电话沟通激发客户的购买欲望；当客户提出异议时能巧妙化解，并加深对你及企业、产品的信心；熟练运用各种成交策略和技巧，诱导客户立即成交。

模拟准备：两部电话或两台手机。

得分要点：（满分100分）

1. 你在谈判失败后的跟进策略之首是重新评估客户。包括重新估计客户的购买需要动机、客户购买行为的再探讨、准客户条件的再审查、顾客拒买理由的再分析等。尤其最后一项，更须彻底明断。如果客户对推销建议的兴趣并不因交易失败而稍减，而是希望在某些障碍（如交货期、包装、付款条件等）消除后再作商谈。那么，你应考虑继续进行回访，设法突破障碍，提出切实可行的方案以促成成交。（30分）

2. 打电话之初首先微笑自我介绍，你的笑容对方能感知到。然后真诚表明来电意图，语言清晰平和，态度友好。得体应用礼貌用语。（10分）

3. 回访时间要恰到好处。有些产品结构复杂，价格也高，必须经过多次长时间的洽谈、报价、建议、修正等，才能完成交易。这种情况则需要经过长期多次跟进回访，方见成效。（20分）

4. 更新策略并耐心解答客户提出的问题。既然是因成交失利而跟进回访，就表示原来所采用的推销策略和技巧有不妥之处，必须另行设法。（10分）

5. 跟进回访时，能使客户对商品产生兴趣，比如小量试用、部分代购的建议（假定商品能分割）等。有些人就是在客户先接受试用、试销之后才成交的。（20分）

6. 你个人的态度、仪表、风范，表现得是否恰如其分？诸如此类问题，都是此次模拟训练需要考察的细节。（10分）

第七章

仪式庆典："礼"出排场

开业典礼是指企业在正式营业时举行的庆祝仪式。"热烈、隆重"是开业典礼仪式的基本要求；扩大企业知名度、树立企业形象是开业典礼的目的。开业典礼是企业在社会公众面前的第一次亮相，体现着企业领导人的组织能力、社交水平以及企业文化内涵，它往往也会成为社会公众对企业取舍、亲疏的重要标准。

开业庆典之准备礼

开业典礼应当本着热烈、隆重、欢快和节约的原则进行，力戒铺张浪费和盲目比阔。开业典礼的准备工作，应主要注意以下几个方面。

1. 准备请柬

精心拟出邀请宾客的名单，提前发送请柬。这些人中，包括政府有关部门负责人、社区负责人、社团代表、新闻记者、员工代表以及公众代表等，并将请柬至迟24小时前送达出席人手中。

2. 拟定典礼程序和接待事项

负责签到、留言、题词、接待、剪彩、鸣炮、奏乐以及摄影、录像等有关服务工作的人员，应及时到达指定岗位，按照典礼程序有条不紊地进行工作。

3. 确定剪彩人员

参加剪彩的除主方负责人外，还应在宾客中邀请地位较高、有一定声望的知名人士同时进行剪彩。

4. 拟写贺词或答词

事先确定好致贺词的宾客名单，并为本单位负责人拟写答词。贺词和答词都要言简意赅，达到沟通感情、增进友谊的目的。

5. 安排一些必要的庆祝节目，以创造热烈欢快的气氛

庆祝节目，最好由本企业员工担任，这样可以培养员工当家做主的精神和职工的自豪感。本企业没有这方面人才，也可以邀请外

单位的人前来助兴。

进行仪式的现场，一般设在企业门口。现场布置要突出喜庆感，渲染热烈气氛。一般要悬挂"×开业庆典"的会标。准备好音响、照明设备，排列好花篮，使场地气氛显得隆重、热烈。会场两边可布置来宾赠送的花篮、牌匾、纪念物品。会场四周可挂彩带、宫灯等。选择场地时要注意地势空阔，以便容纳观众。如果对交通有所影响，要事先取得有关管理部门的同意。

开业典礼活动一般分为开场、过程和结束三个阶段。由主持人宣布来宾就位。典礼开始时，可奏乐或播放节奏明快的乐曲，在非限制燃放鞭炮的地区，可燃放鞭炮庆贺，接着奏厂歌、店歌或举行升旗仪式。企业负责人首先致辞，向来宾及祝贺单位表示感谢，并简单介绍本企业创办经过和经营项目等。接着可安排上级领导和来宾代表致贺词，并祝其生意兴隆。贺词应言简意明、热烈庄重、真诚祝愿、友好善意，切忌信口开河，长篇大论。发言结束，再一次奏放轻松明快的乐曲，以增加气氛。典礼完毕，宜安排些气氛热烈的庆祝节目，如放气球、敲锣打鼓、舞狮子、奏喜庆音乐，或举行文艺演出等。

典礼仪式结束后，主人可引导来宾进厂或进店参观。这期间可以向来宾介绍本企业拟将生产或销售的主要产品、承揽的主要项目以及经营决策。这是让上级、同行和社会公众了解自己企业的好机会，也是宣传商品和服务的好机会，可以举行短时间的座谈，广泛征求来宾的意见和建议。也可准备一个留言簿，请来宾在上面留下自己的建议或意见，还可与来宾一起合影留念。此外，可以准备一些小礼品，印上"开业典礼"字样，向来宾赠送，扩大公众宣传效果。

开业典礼结束后，会有大批顾客随主要来宾一同进入商场，企业领导人和营业员一起，恭恭敬敬地站在门口或各自的岗位，迎接首批顾客光临。营业员更应注意销售礼仪，同时感谢顾客惠顾，欢迎顾客再来。还可以准备一些为开业典礼特别制作的购物袋，上面印上开业日期、经营范围、地址、电话等字样，赠送给顾客作纪念。

总之，开业典礼的仪式并不复杂，时间也不长，但一定要办得热烈隆重、富有新意，要给人留下强烈而又深刻的印象。

商务庆典之仪式礼

商务活动中，有时候根据企业发展的需要，会举行各类仪式。常见的仪式有开幕仪式、开工仪式、奠基仪式、破土仪式、竣工仪式、下水仪式、通车仪式、通航仪式等。

1.开幕仪式

开业仪式的常见形式之一，是开幕仪式。在名目众多的各种开业仪式之中，商界人士平日接触最多的，要首推开幕仪式了。恐怕正是出于这种原因，不少人认为，开业仪式与开幕仪式往往是被画上等号的。

严格地讲，开幕仪式仅仅是开业仪式的具体形式之一。通常它是指公司、企业、宾馆、商店、银行正式启用之前，或是各类商品的展示会、博览会、订货会正式开始之前，正式举行的相关仪式。

当开幕仪式举行之后，公司、企业、宾馆、商店、银行将正式营业，有关商品的展示会、博览会、订货会将正式接待顾客与观众。

2. 开工仪式

开业仪式的常见形式之二，是开工仪式。开工仪式，即工厂准备正式开始生产产品、矿山准备正式开采矿石时，所专门举行的庆祝性、纪念性活动。

为了使出席开工仪式的全体人员能有身临其境之感，比照惯例，开工仪式大都在生产现场举行，即以工厂的主要生产车间、矿山的主要矿井等处，作为举行开工仪式的场所。

除司仪人员按惯例应着礼仪性服装之外，东道主一方的全体职工均应穿着干净而整洁的工作服出席仪式。

开工仪式的常规程序主要有五项。第一项，仪式宣布开始，全体起立，介绍各位来宾，奏乐。第二项，在司仪的引导下，本单位的主要负责人陪同来宾行至开工现场肃立，如机器开关或电闸附近。第三项，正式开工。届时应请本单位职工代表或来宾代表来到机器开关或电闸旁，首先对其躬身施礼，然后再动手启动机器或合上电闸。全体人员此刻应鼓掌志贺，并奏乐。第四项，全体职工各就各位，上岗进行操作。第五项，在主人的带领下，全体来宾参观生产现场。

3. 奠基仪式

开业仪式的常见形式之三，是奠基仪式。奠基仪式，通常是一些重要的建筑物，如大厦、场馆、亭台、楼阁、园林、纪念碑等，在动工修建之初，正式举行的庆贺性活动。

对于奠基仪式现场的选择与布置，还有一些独特的规矩。奠基仪式举行的地点，一般应选择在动工修筑建筑物的施工现场；而奠基的具体地点，则按常规均应选择在建筑物正门的右侧。在一般情况下，用以奠基的奠基石应为一块完整无损、外观精美的长方形石料。在奠基石上，通常文字应当竖写。在其右上款，应刻有建筑物的正式名称。在其正中央，应刻有"奠基"两个大字。在其左下款，则应刻有奠基单位的全称以及举行奠基仪式的具体年月日。奠基石上的字体，讲究以楷体字刻写，并且最好是白底金字或黑字。

在奠基石的下方或一侧，还应安放一只密闭完好的铁盒，内装与该建筑物有关的各项资料以及奠基人的姓名。届时，它将同奠基石一道被奠基人等培土掩埋于地下，以示纪念。

通常，在奠基仪式的举行现场应设立彩棚，安放该建筑物的模型或设计图、效果图，并使各种建筑机械就位待命。

奠基仪式的程序大体上分为五项。第一项，仪式正式开始，介绍来宾，全体起立。第二项，奏国歌。第三项，主人对该建筑物的功能以及规划设计进行简介。第四项，来宾致辞道喜。第五项，正式进行奠基。此时，应锣鼓喧天，或演奏喜庆乐曲。由奠基人双手持握系有红绸的新锹为奠基石培土。随后，再由主人与其他嘉宾依次为之培土，直至将其埋没为止。

4. 破土仪式

开业仪式的常见形式之四，是破土仪式。破土仪式，亦称破土动工。它是指在道路、河道、水库、桥梁、电站、厂房、机场、码头、车站等正式开工之际，专门为此而举行的动工仪式。

破土仪式举行的地点，大多应当选择在工地的中央或其某一侧。举行仪式的现场，务必要事先进行过认真的清扫、平整、装饰。至少，也要防止出现道路坎坷泥泞、飞沙走石，或是蚊蝇扑面的状况。

倘若来宾较多，尤其是当高龄来宾较多时，最好在现场附近临时搭建某些以供休息的帐篷或活动房屋，使来宾得以免受风吹、日晒、雨淋，并稍事休息。

破土仪式的具体程序共有五项。第一项，仪式宣布开始，介绍来宾，全体肃立。第二项，奏国歌。第三项，主人致辞，以介绍和感谢为其发言的重点。第四点，来宾致辞祝贺。第五项，正式破土动工。其常规的做法是：首先由众人环绕于破土之处的周围肃立，并且目视破土者，以示尊重；接下来，破土者须双手执系有红绸的新锹垦土三次，以示良好的开端；最后，全体在场者一道鼓掌，并演奏喜庆音乐，或燃放鞭炮以示庆祝。

一般而言，奠基仪式与破土仪式在具体程序的操作上大同小异，而其适用范围亦大体相近。故此，这两种仪式不宜同时在一处举行。

5.竣工仪式

开业仪式的常见形式之五，是竣工仪式。竣工仪式，有时又称落成仪式或建成仪式。它是指本单位所属的某一建筑物或某项设施建设、安装工作完成之后，或者是某一纪念性、标志性建筑物，如纪念碑、纪念塔、纪念堂、纪念像、纪念雕塑等，建成之后，以及某种意义特别重大的产品生产成功之后，其所专门举行的庆贺性活动。

举行竣工仪式的地点，一般应以现场为第一选择，如新建成的厂区之内、新落成的建筑物之外，以及刚刚建成的纪念碑、纪念塔、纪念堂、纪念像、纪念雕塑的旁边。

应予重视的是，在竣工仪式举行时，全体出席者的情绪应与仪式的具体内容相适应。比方说，在庆贺工厂、大厦落成或重要产品生产成功时，应当表现得欢快而喜悦。在庆祝纪念碑、纪念塔、纪念堂、纪念像、纪念雕塑建成时，则须表现得庄严而肃穆。

竣工仪式的基本程序通常一共有七项。第一项，仪式宣布开始，介绍来宾，全体起立。第二项，奏国歌，并演奏本单位标志性歌曲。第三项，本单位负责人发言，以介绍、回顾、感谢为主要内容。第四项，进行揭幕或剪彩。第五项，全体人员向竣工仪式的"主角"——刚刚竣工或落成的建筑物，郑重其事地恭行注目礼。第六项，来宾致辞。第七项，进行参观。

6. 下水仪式

开业仪式的常见形式之六，是下水仪式。所谓下水仪式，自然是指在新船建成下水之时专门举行的仪式。准确一些讲，下水仪式乃是造船厂在吨位较大的轮船建造完成、验收完毕、交付使用之际，为其正式下水起航而特意为之举行的庆祝性活动。

按照国际上目前所通行的做法，下水仪式基本上都是在新船码头上举行。届时，应对现场进行一定程度的美化。比如说，在船坞门口与干道两侧，应饰有彩旗、彩带。在新船所在的码头附近，应设置专供来宾观礼或休息之类用的彩棚。

对下水仪式的主角——新船，亦须认真进行装扮。一般的讲究，是要在船头上扎上由红绸结成的大红花，并且在新船的两侧船舷上扎上彩旗，系上彩带。

下水仪式的主要程序共有五项。第一项，仪式宣布开始，介绍来宾，全体起立，乐队奏乐。第二项，奏国歌。第三项，由主人简介新船的基本状况，如吨位、马力、长度、高度、吃水、载重、用途、工价等。第四项，由特邀掷瓶人行掷瓶礼，砍断缆绳，新船正式下水。第五项，来宾代表致辞祝贺。

行掷瓶礼，是下水仪式上独具特色的一个节目。它在国外由来已久，并已传入中国，它的目的，是要渲染出喜庆的气氛。其做法是由身着礼服的特邀嘉宾双手持一瓶正宗的香槟酒，用力将瓶身向新船的船头投掷，使瓶破之后酒香四溢，酒沫飞溅。在嘉宾掷瓶以后，全体到场者须面向新船行注目礼，并随即热烈鼓掌。此时，还可在现场再度奏乐，施放气球，放飞信鸽，并且在新船上撒彩花、落彩带。

7.通车仪式

开业仪式的常见形式之七，是通车仪式。通车仪式，大都是在重要的交通建筑完工并验收合格之后，所正式举行的启用仪式，如公路、铁路、地铁以及重要的桥梁、隧道等，在正式交付使用之前，均会举行一次以示庆祝的通车仪式。有时，通车仪式又叫开通仪式。

举行通车仪式的地点，通常均为公路、铁路、地铁新线路的某一端，新建桥梁的某一头，或者新建隧道的某一侧。

在现场附近，以及沿线两旁，应当适量地插上彩旗、挂上彩带。必要之时，还应设置彩色牌楼，并悬挂横幅。在通车仪式上，被装饰的重点，应当是用以进行"处女航"的汽车、火车或地铁列车。在车头之上，一般应系上红花。在车身两侧，则可酌情插上彩旗，系上彩带，并且悬挂上醒目的大幅宣传性标语。

通车仪式的主要程序一般共有六项。第一项，仪式宣布开始，介绍来宾，全体起立。第二项，奏国歌。第三项，主人致辞。其主要内容是，介绍即将通车的新线路、新桥梁或新隧道的基本情况，并向有关方面谨致谢意。第四项，来宾代表致辞祝贺。第五项，正式剪彩。第六项，首次正式通行车辆。届时，宾主及群众代表应一起登车而行。有时，往往还须由主人所乘坐的车辆行进在最前方开路。

8. 通航仪式

开业仪式的常见形式之八，是通航仪式。通航仪式，又称首航仪式。它所指的是飞机或轮船在正式开通某一条新航线之际，正式举行的庆祝性活动。一般而言，通航仪式除去主要的角色为飞机或轮船之外，在其他方面，尤其是在具体程序的操作上，往往与通车仪式大同小异。因此，对其将不再赘述。对其进行实际操作时，一般均可参照通车仪式的具体做法进行。

商务庆典之剪彩礼

我们经常见到各类商业庆典举行隆重的剪彩仪式。关于剪彩，还有一个渊源。

据说在很久以前，在美国的一个乡间小镇上，一家商店即将开业，店主为了阻止蜂拥而至的顾客在正式营业前闯入店内，将用以优惠顾客的便宜货争购一空，而使守时而来的人们得不到公平的待遇，便随便找来一条布带子拴在门框上。谁曾料到这项临时性的措施竟然更加激发起了挤在店门之外的人们的好奇心，使他们更想早一点进入店内。

事也凑巧，正当店门之外的人们的好奇心上升到极点，显得有些迫不及待的时候，店主的小女儿牵着一条小狗突然从店里跑了出来。那条"不谙世事"的可爱小狗若无其事地将拴在店门上的布带子碰落在地。店外不明真相的人们误以为这是该店为了开张志喜所搞的"新把戏"，于是立即一拥而入，大肆抢购。让店主转怒为喜的是，他的这家小店在开业之日的生意居然红火得令人难以想象。

向来有些迷信的他便追根溯源地对此进行了一番"反思"，最后他认定，自己的好运气全是由那条被小女儿的小狗碰落在地的布带子所带来的。因此，此后在他旗下的几家"连锁店"陆续开业时，他便将错就错地如法加以炮制。久而久之，他的小女儿和小狗无意之中的"发明创造"，经过他和后人不断"提炼升华"，逐渐成为一整套仪式。它先是在全美，后是在全世界广为流传开来。在流传的过程中，这个仪式也被人们赋予了一个极其响亮的名字——剪彩。

剪彩，在从一次偶发的"事故"发展为一项重要的活动程序，再进而演化为一项隆重而热烈的仪式的过程之中，其自身也在不断地发展变化。例如，剪彩者先是由专人牵着一条小狗来充当，让小狗故意去碰落店门上所拴着的布带子。后来，改由儿童担任，让他单独去撞断门上所拴着的一条丝线。再后来，剪彩者又变成了妙龄少女。她的标准动作，就是要勇往直前地去当众撞落拴在门口上的大红缎带。到了最后，也就是现在，剪彩则定型为邀请社会贤达和本地官员，接剪刀剪断礼仪小姐手中所持的大红缎带。

剪彩仪式上所需使用某些特殊用具，仪式的主办方应仔细地进行选择与准备。

1. 红色缎带

即剪彩仪式之中的"彩"。作为主角，它自然是万众瞩目之处。按照传统做法，它应当由一整匹未曾使用过的红色绸缎，在中间结成数朵花团而成。目前，有些公司为了厉行节约，而代之以长度为两米左右的细窄的红色缎带，或者以红布条、红线绳、红纸条作为其变通，也是可行的。一般来说，红色缎带上所结的花团，不仅要生动、硕大、醒目，而且其具体数目往往还同现场剪彩者的人数直接相关。循例，红色缎带上所结的花团的具体数目有两类模式可依。其一，是花团的数目较现场剪彩者的人数多一个；其二，是花团的数目较现场剪彩者的人数少一个。前者可使每位剪彩者总是处于两朵花团之间，尤显正式；后者则不同常规，亦有新意。

2. 全新剪刀

这是专供剪彩者在剪彩仪式上正式剪彩时所使用的。它必须是每位现场剪彩者人手一把，而且必须崭新、锋利而顺手。事先，一定要逐把检查一下将被用以剪彩的剪刀是否已经开刃，好不好用。务必要确保剪彩者在正式剪彩时，可以"手起刀落"，一举成功，而切勿一再补刀。在剪彩仪式结束后，主办方可将每位剪彩者所使用的剪刀经过包装之后，送给对方作为纪念。

3. 白色薄手套

这是专为剪彩者所准备的。在正式的剪彩仪式上，剪彩者剪彩时最好每人戴上一副白色薄纱手套，以示郑重其事。在准备白色薄纱手套时，除了要确保其数量充足之外，还须使之大小适度、崭新平整、洁白无瑕。但有时也可不准备白色薄纱手套。

4.专用托盘

在剪彩仪式上是托在礼仪小姐手中，用作盛放红色缎带、剪刀、白色薄纱手套的。在剪彩仪式上所使用的托盘，最好是崭新的、洁净的。它通常首选银色的不锈钢制品。为了显示正规，可在使用时上面铺上红色绒布或绸布。就其数量而论，在剪彩时，可以一只托盘依次向各位剪彩者提供剪刀与手套，并同时盛放红色缎带；也可以为每一位剪彩者配置一只专为其服务的托盘，同时使红色缎带专由一只托盘盛放。后一种方法显得更加正式一些。

5.红色地毯

主要用于铺设在剪彩者正式剪彩时的站立之处。其长度可视剪彩人数的多寡而定，其宽度则不应少于1米。在剪彩现场铺设红色地毯，主要是为了提升其档次，并营造一种喜庆的气氛。

剪彩仪式的程序安排和礼仪事项大致如下：

首先，请客人入座。仪式开始时，按照事先在请柬上的说明，由工作人员引领参加仪式的客人入座。

其次，剪彩仪式开始。先由主持人宣布开始，并鼓掌向与会者表示谢意，然后介绍重要来宾。

再次，安排简短发言。发言代表一般由举办展览、展销会的人担任，发言内容以介绍此次展览、展销的宗旨、意义为主，并对有关的事项进行汇报。然后安排来宾代表致祝词。

最后，进行剪彩。剪彩前先宣布剪彩人，剪彩人一般由来宾担任，或请上级领导，或请政府主管部门的负责人，或是请某一方面的知名人士。剪彩人进行剪彩时，主席台上的人员一般应尾随其后一两米处，剪彩用的剪刀由礼仪人员用托盘呈上，剪断后群众鼓掌致意。

此外，对于剪彩者的礼仪也有一定的要求，具体有以下几点：

1. 服装整洁、大方、合体，给人以稳重、精干、可以信赖的印象。

2. 举止大方、有礼。走向剪彩的绸带时，应面带微笑，落落大方，不得左顾右盼。剪彩时，先向左右两边持彩带的工作人员微笑致意，然后集中注意力，把彩带一刀剪断。

3. 剪彩完毕，向四周的人鼓掌致意，与主人进行礼节性谈话，时间不宜过长，否则是不合礼仪的。

商务庆典之交接礼

交接仪式，在商界一般是指施工单位依照合同将已经建设、安装完成的工程项目或大型设备，如厂房、商厦、宾馆、办公楼、机场、码头、车站或飞机、轮船、火车、机械、物资等，经验收合格后正式移交给使用单位之时，所举行的庆祝典礼。

举行交接仪式的重要意义在于，它既是商务伙伴们对所进行过的成功合作的庆贺，是对给予过自己关怀、支持、帮助和理解的社会各界的答谢，又是接收单位与施工、安装单位巧妙地利用时机，为双方各自提高知名度和美誉度而进行的一种公开的宣传活动。

交接的礼仪，一般是指在举行交接仪式时所须遵守的有关规范。通常，它包括交接仪式的准备、交接仪式的程序、交接仪式的参加等三个方面的主要内容。以下分别对其加以介绍。

1. 商务交接仪式的准备

准备商务交接仪式，主要要关注下列三件事，即来宾的邀约、现场的布置和物品的预备。

（1）来宾的邀请

一般应由交接仪式的东道主——施工、安装单位负责。在具体拟订来宾名单时，施工、安装单位亦应主动征求自己的合作伙伴——接收单位的意见。接收单位对于施工、安装单位所草拟的名单不宜过于挑剔，不过可以酌情提出自己的一些合理建议。

在一般情况下，参加交接仪式的人数自然越多越好。如果参加者太少，难免会使仪式显得冷冷清清。但是，在宏观上确定参加者的总人数时，必须兼顾场地条件与接待能力，切忌贪多。

从原则上来讲，交接仪式的出席人员应当包括施工、安装单位的有关人员，接收单位的有关人员，上级主管部门的有关人员，当地政府的有关人员，行业组织、社会团体的有关人员，各界知名人士，新闻界人士以及协作单位的有关人员等。

在上述人员之中，除施工、安装单位与接收单位的有关人员之外，对于其他所有的人员，均应提前送达或寄达正式的书面邀请，以示对对方的尊重之意。

邀请上级主管部门、当地政府、行业组织的有关人员时，虽不必勉强对方，但却必须努力争取，要表现得心诚意切。因为利用举行交接仪式这一良机，使施工、安装单位及接收单位，与上级主管部门、当地政府、行业组织进行多方接触，不仅可以宣传自己的工作成绩，而且也有助于有关各方之间进一步地实现相互理解和相互沟通。

若非涉密或暂且不宜广而告之，在举行交接仪式时，东道主既要争取多邀请新闻界的人士参加，并且尽可能地为其提供便利。对于不邀而至的新闻界人士，亦应尽量来者不拒。至于邀请海外的媒体参加交接仪式的问题，则必须认真遵守有关的外事规则与外事纪律，事先履行必要的报批手续。

（2）现场的布置

举行交接仪式的现场，亦称交接仪式的会场。在对其进行选择时，通常应视交接仪式的重要程度、全体出席者的具体人数、交接仪式的具体程序与内容，以及是否要求对其进行保密等几个方面的因素而定。

根据常规，一般可将交接仪式的举行地点安排在已经建设、安装完成并已验收合格的工程项目或大型设备所在地的现场。有时，亦可将其酌情安排在东道主单位本部的会议厅，或者由施工、安装单位与接收单位双方共同认可的其他场所。

将交接仪式安排在业已建设、安装完成并已验收合格的工程项目或大型设备所在地的现场举行，其最大的好处是可使全体出席仪式的人员身临其境，获得对被交付使用的工程项目或大型设备的直观而形象的了解，并能掌握较为充分的第一手资料。倘若在交接仪式举行之后安排来宾进行参观，则更方便。不过，若是在现场举行交接仪式，往往进行准备的工作量较大。另外，由于将被交付的工程项目或大型设备归接收单位所有，故此东道主事先要征得对方的同意。

将交接仪式安排在东道主单位本部的会议厅举行，可免除大量的接待工作，会场的布置也十分便利。特别是在将被交付的工程项目、大型设备不宜为外人参观，或者暂时不方便外人参观的情况下，以东道主单位本部的会议厅作为举行交接仪式的现场，不失为一种较好的选择。但是，此种选择的主要缺憾是东道主单位往往需要付出更多的人力、财力、物力，而且全体来宾对于将被交付的工程项目或大型设备缺乏身临其境的直观感受。

如果将被交付的工程项目或大型设备的现场条件欠佳，或是出于东道主单位的本部不在当地以及将要出席仪式的人员较多等其他原因，经施工、安装单位提议，并经接收单位同意之后，交接仪式亦可在其他场所举行。例如，宾馆的多功能厅、外单位出租的礼堂或大厅等处，都可用来举行交接仪式。在其他场所举行交接仪式，尽管开支较高，但可省去大量的安排、布置工作，而且还可以提升仪式的档次。

（3）物品预备

在交接仪式上，有不少需要使用的物品，应由东道主一方提前进行准备。首先，必不可少的，是作为交接象征之物的有关物品，如验收文件、一览表、钥匙等。验收文件，此处是指已经公证的由交接双方正式签署的接收证明性文件。一览表，是指交付给接收单位的全部物资、设备或其他物品的名称、数量明细表。钥匙，则是指用来开启被交接的建筑物或机械设备的钥匙。在一般情况下，因其具有象征性意味，故预备一把即可。

除此之外，主办交接仪式的单位，还需为交接仪式的现场准备一些用以烘托喜庆气氛的物品，并应为来宾备一份薄礼。

在交接仪式的现场，可临时搭建一处主席台。必要时，应在其上铺设一块红地毯。至少，也要预备足量的桌椅。在主席台上方，应悬挂一条红色巨型横幅，上书交接仪式的具体名称，如"某某工程交接仪式"，或"热烈庆祝某某工程正式交付使用"。

在举行交接仪式的现场四周，尤其是在正门入口之处、干道两侧、交接物四周，可酌情悬挂一定数量的彩带、彩旗、彩球，并放置一些色泽艳丽、花朵硕大的盆花，用以美化环境。

若来宾所赠送的祝贺性花篮较多，可依照约定俗成的顺序，如"先来后到""不排名次"等，将其呈一列摆放在主席台正前方，或是分成两行摆放在现场入口处门外的两侧。在此两处同时摆放，也是可以的。不过，若是来宾所赠的花篮甚少，则不必将其公开陈列在外。

在交接仪式上用以赠送给来宾的礼品，应突出其纪念性、宣传性。被交接的工程项目、大型设备的微缩模型，或以其为主角的画册、明信片、纪念章、领带针、钥匙扣等，皆为上佳之选。

2.商务交接仪式的程序

从总体上来讲，几乎所有的商务交接仪式都少不了下述五项基本程序。

（1）主持人宣布交接仪式正式开始

此刻，全体与会者应当进行较长时间的鼓掌，以热烈的掌声来表达对东道主的祝贺之意。在此之前，主持人应邀请有关各方人士在主席台上就座，并以适当的方式暗示全体人员保持安静。

（2）奏国歌，并演奏东道主单位的标志性歌曲

此时，全体与会者必须肃立。该项程序，有时亦可略去。不过若能安排这一程序，往往会使交接仪式显得更为庄严而隆重。

（3）由施工、安装单位与接收单位正式进行有关工程项目或大型设备的交接

具体的做法，主要是由施工、安装单位的代表，将有关工程项目、大型设备的验收文件、一览表或钥匙等象征性物品，正式递交给接收单位的代表。此时，双方应面带微笑，双手递交、接收有关物品。在此之后，还应热烈握手。至此，标志着有关的工程项目或大型设备已经被正式地移交给了接收单位。假如条件允许，在该项程序进行的过程之中，可在现场演奏或播放节奏欢快的喜庆歌曲。

在有些情况下，为了进一步营造出一种热烈而隆重的气氛，这一程序亦可由上级主管部门或地方政府的负责人为有关的工程项目、大型设备的启用用剪彩所取代。

（4）各方代表发言

按惯例，在交接仪式上，须由有关各方的代表进行发言。他们依次应为：施工、安装单位的代表，接收单位的代表，来宾的代表等。这些发言，一般均为礼节性的，并以喜气洋洋为主要特征。它们通常宜短忌长，只需要点到为止的寥寥数语即可。原则上来讲，每个人的此类发言应以3分钟为限。

（5）宣告交接仪式正式结束

随后安排全体来宾进行参观或观看文娱表演。此时此刻，全体与会者应再次进行较长时间的热烈鼓掌。

按照仪式礼仪的总体要求，交接仪式同其他仪式一样，在所耗费的时间上也是贵短不贵长的。在正常情况下，每一次交接仪式从头至尾所用的时间，大体上不应当超过一个小时。为了做到这一点，就要求交接仪式在具体程序上讲究少而精。正因为如此，一些

原本应当列入正式程序的内容，如进行参观、观看文娱表演等，均被视为正式仪式结束之后所进行的辅助性活动而另行安排。

如果方便的话，正式仪式一旦结束，东道主与接收单位即应邀请各方来宾一道参观有关的工程项目或大型设备。东道主一方应为此专门安排好富有经验的陪同、解说人员，使各方来宾通过现场参观，可以进一步深化对有关的工程项目或大型设备的认识。

若是出于某种主观原因，不便邀请来宾进行现场参观，也可以通过组织其参观有关的图片展览或向其发放宣传资料的方式，来适当地满足来宾的好奇之心。不论是布置图片展览，还是印制宣传资料，在不泄密的前提条件下，均应尽可能地使其内容翔实，资料充足，图文并茂。通常，它们应当包括有关工程项目或大型设备的建设背景，主要功能，具体规格，基本数据，开工与竣工的日期，施工、安装、设计、接收单位的概况，与国内外同类项目、设备的比较，等等。为使之更具说服力，不妨多采用一些准确的数据来进行讨论、说明。

3.在交接仪式上表现得体

在参加交接仪式时，不论是东道主一方还是来宾一方，都存在一个表现是否得体的问题。假如有人在仪式上表现失当，往往就会使大家都尴尬。有时，甚至还会因此而影响到有关各方的相互关系。东道主需要注意以下几方面的问题。

（1）注意仪表整洁

东道主一方参加交接仪式的人员，不仅应当是"精兵强将""有功之臣"，而且应当使之能够代表本单位的形象。为此，必须要求他们妆容规范、服饰得体、举止有方。

（2）注意保持风度

在交接仪式举行期间，不允许东道主一方的全体人员东游西逛、交头接耳、打打闹闹。在为发言者鼓掌时，不允许厚此薄彼。当来宾为自己道喜时，喜形于色无可厚非，但切勿嚣张放肆、得意忘形。

（3）注意待人友好

不管自己是否专门负责接待、陪同或解说工作，东道主一方的全体人员都应当自觉地树立起主人翁意识。一旦来宾提出问题或需要帮助时，都要鼎力相助。不允许一问三不知、借故推脱、拒绝帮忙，甚至胡言乱语、大说风凉话。即使自己力不能及，也要向对方说明原因，并且及时向有关方面进行反映。

对于来宾一方而言，在应邀出席交接仪式时，主要应当重视如下四个方面的问题。

（1）应当致以祝贺

接到正式邀请后，被邀请者即应尽早以单位或个人的名义发出贺电或贺信，向东道主表示热烈祝贺。有时，被邀请者在出席交接仪式时，将贺电或贺信面交东道主，也是可行的。不仅如此，被邀请者在参加仪式时，还须郑重其事地与东道主一方的主要负责人一一握手，再次口头道贺。

（2）应当略备贺礼

为表示祝贺之意，可向东道主一方赠送一些贺礼，如花篮、牌匾、贺幛等。花篮一般需要在花店定制，用各色鲜花插装而成，并且应在其两侧悬挂特制的红色缎带，右书"恭贺某某交接仪式隆重举行"，左书本单位的全称。它可由花店代为先期送达，亦可由来宾在抵达现场时面交主人。

（3）应当预备贺词

假若自己与东道主关系密切，则还须提前预备一份书面贺词，供被邀请代表、来宾发言时之用。其内容应当简明扼要，主要是为了向东道主一方道喜祝贺。

（4）应当准点到场

若无特殊原因，接到邀请后，务必牢记在心，届时正点抵达，为主人捧场。若不能出席，则应尽早通知东道主。

商界会展之预备礼

展览会，对商界而言，主要是特指有关方面为了介绍本单位的业绩，展示本单位的成果，推销本单位的产品、技术或专利，而以集中陈列实物、模型、文字、图表、影像资料等供人参观了解的形式组织的宣传性聚会。有时，人们也将其简称为展览、展会，或称之为展示、展示会。

展览会礼仪，通常是指商界单位在组织、参加展览会时应当遵循的规范与惯例。在一般情况下，展览会主要涉及展览会的分类、展览会的组织参展单位的确定、展览内容的宣传、展示位置的分配、安全保卫以及辅助服务等方面的问题。

1. 展览会的分类

严格地讲，展览会是一个覆盖面甚广的基本概念。细而言之，它其实又分为许许多多不尽相同的具体类型。要开好一次展览会，自然首先必须确定其具体类型，然后再进行相应的定位；否则，很可能就会出现不少漏洞。按照商界目前所通行的会务礼仪规范，划分展览会不同类型的主要标准，一共有下列6条。

（1）展览会的目的

依照这一标准，展览会可被分作宣传型展览会和销售型展览会两种类型。顾名思义，宣传型展览会显然意在向外界宣传、介绍参展单位的成就、实力、历史与理念，所以它又叫做陈列会。而销售型展览会则主要是为了展示参展单位的产品、技术和专利，来招徕顾客、促进其产品的销售。通常，人们又将销售型展览会直截了当地称为展销会或交易会。

（2）展览品的种类

在一次展览会上，展览品具体种类的多少，往往会直接导致展览会的性质有所不同。根据展览品具体种类的不同，可以将展览会区分为单一型展览会与综合型展览会。单一型展览会，往往只展示某一大的门类的产品、技术或专利，只不过其具体的品牌、型号、功能有所不同而已，如化妆品、汽车等。因此，人们经常会以其具体展示的某一门类的产品、技术或专利的名称，来对单一型展览会进行直接的冠名，比如，可称之为"化妆品展览会"、"汽车展览会"等。综合型展览会，亦称混合型展览会。它是一种包罗万象的，同时展示多种门类的产品、技术或专利的大型展览会。与前者相比，后者所侧重的主要是参展单位的综合实力。

（3）展览会的规模

根据具体规模的大小，展览会又有大型展览会、小型展览会与微型展览会之分。大型展览会，通常由社会上的专门机构出面承办，其参展的单位多、参展的项目广，因而规模较大。举办此类展览会，因其档次高、影响大，参展单位必须经过审报、审核、批准等一系列程序，有时，还需支付一定的费用。小型展览会，一般都由某一单位自行举办，其规模相对较小。在小型展览会上，展示的展品主要是代表着主办单位最新成就的各种产品、技术和专利。微型展览会，则是小型展览会的进一步微缩，它提取了小型展览会的精华之处，一般不在社会上进行商业性展示，而只是将其安排陈列于本单位的展览室或荣誉室之内，主要用来教育本单位的员工和供来宾参观之用。

（4）参展者的区域

根据参展单位所在的地理区域的不同，可将展览会划分为国际性展览会、洲际性展览会、全国性展览会、全省性展览会和本地性展览会。规模较大的国际性展览会、洲际展览会和全国性展览会，往往被人们称为博览会。

（5）展览会的场地

举办展览会，免不了要占用一定面积的场地。若以所占场地的不同而论，展览会有着室内展览会与露天展览会之别。前者大都被安排在专门的展览馆或是宾馆和本单位的展览厅、展览室之内。它大都设计考究、布置精美、陈列有序、安全防盗、不易受损，并且可以不受时间与天气的制约，显得隆重而有档次。但是，其所需费用往往偏高。在展示价值高昂、制作精美、忌晒忌雨、易于失盗的展品时，室内展览会自然是其首选。后者则安排在室外露天之处。它可以提供较大的场地、花费较小，而且不必为设计、布置费用过多。展示大型展品或需要以自然界为其背景的展品时，此种选择最佳。通常，展示花卉、农产品、工程机械、大型设备时，大都这么做。不过，它受天气等自然条件影响较大，并且极易使展品丢失或受损。

（6）展览会的时间

举办展览会所用的具体时间的长短，亦称为展期。根据展期的不同，可以把展览会分作长期展览会、定期展览会和临时展览会。长期展览会，大都常年举行，其展览场所固定，展品变动不大。定期展览会，展期一般固定为每隔一段时间之后，在某一特定的时间之内举行，如每三年举行一次，或者每年春季举行一次，等等。其展览主题大都既定不变，但允许变动展览场所，或展品内容有所变动。一般来看，定期展览会往往呈现出连续性、系列性的特征。临时展览会，则随时可根据需要与可能举办。它所选择的展览场所、展品内容及至展览主题，往往不尽相同，但其展期大都不长。

2. 展览会的组织

一般的展览会，既可以由参展单位自行组织，也可以由社会上的专门机构出面组织。不论组织者由谁来担任，都必须认真做好具体的工作，力求使展览会取得完美的效果。

根据惯例，展览会的组织者需要重点进行的具体工作，主要包括参展单位的确定、展览内容的宣传、展示位置的分配、安全保卫的事项、辅助服务的项目等。

3. 参展单位的确定

一旦决定举办展览会，由什么单位来参加的问题，通常都是非常之重要的。在具体考虑参展单位的时候，必须注意两厢情愿，不得勉强。按照商务礼仪的要求，主办单位事先应以适当的方式，向拟参展的单位发出正式的邀请或召集。

　　邀请或召集参展单位的主要方式为：刊登广告、寄发邀请函、召开新闻发布会等。不管是采用其中何种方式，均须同时将展览会的宗旨、展出的主要题目、参展单位的范围与条件、举办展览会的时间与地点、报名参展的具体时间与地点、咨询有关问题的联络方法、主办单位拟提供的辅助服务项目、参展单位应负担的基本费用等，一并如实地告之拟参展单位，以便对方据此加以定夺。

　　对于报名参展的单位，主办单位应根据展览会的主题与具体条件进行必要的审核。切勿良莠不分，来者不拒。当参展单位的正式名单确定之后，主办单位应及时地以专函形式进行通知，使被批准的参展单位尽早有所准备。

　　4.展览内容的宣传

　　为了引起社会各界对展览会的重视，并且尽量地扩大其影响，主办单位有必要对其进行大力宣传。宣传的重点，应当是展览的内容，即展览会的展示陈列之物。因为只有它，才能真正地吸引各界人士的注意和兴趣。

　　对展览会，尤其是对展览内容进行的宣传，主要可以采用下述几种方式。其一，举办新闻发布会；其二，邀请新闻界人士到场进行参观采访；其三，发表有关展览会的新闻稿；其四，公开刊发广告；其五，张贴有关展览会的宣传画；其六，在展览会现场散发宣传性材料和纪念品；其七，在举办地悬挂彩旗、彩带或横幅；其八，利用升空的彩色气球和飞艇进行宣传。以上八种方式，可以只择其一，亦可多种同时并用。在具体进行选择时，一定要量力行事，并且要严守法纪，注意安全。

为了搞好宣传工作，在举办大型展览会时，主办单位应专门成立进行对外宣传的组织机构。其正式名称，可以叫新闻组，也可以叫宣传办公室。

5.展示位置的分配

对展览会的组织者来讲，展览现场的规划与布置，通常是其重要职责之一。在布置展览现场时，基本的要求是展示陈列的各种展品要围绕既定的主题，进行互为衬托的合理组合与搭配，要在整体上显得井然有序、浑然一体。

所有参展单位都希望自己能够在展览会上拥有理想的位置。展品在展览会上进行展示陈列的具体位置，称之展位。大凡理想的展位，除了收费合理之外，应当面积适当，客流较多，处于展览会上较为醒目之处，设施齐备，采光、水电供给良好。

在一般情况下，展览会的组织者要想尽一切办法充分满足参展单位关于展位的合理要求。假如参展单位较多，并且对于较为理想的展位竞争较为激烈的话，则展览会的组织者可依照展览会的惯例，采用下列方法之一对展位进行合理的分配。

方法一：对展位进行竞拍。由组织者根据展位的不同，而制定不同的收费标准，然后组织一场拍卖会，由参展者在会上自由进行角逐，由出价高者拥有自己中意的展位。

方法二：对展位进行招投标。即由参展单位依照组织者所公告的招标标准和具体条件，自行报价，并据此填具标单，而由组织者按照"就高不就低"的常规，将展位分配给报价高者。

方法三：对展位进行抽签。即将展位编号，然后将号码写在纸签之上，而由参展单位的代表在公证人员的监督之下每人各取一个，以此来确定其各自的具体展位。

方法四：按"先来后到"分配。所谓按照"先来后到"进行分配，即以参展单位正式报名的先后为序，谁先报名，谁便有权优先选择自己所看中的展位。

不管采用上述何种方法，组织者均须事先将其广而告之，以便参展单位早做准备，尽量选到称心如意的展位。

商界会展之参展礼

无论展览会举办地的社会治安环境如何，组织者对于有关的安全保卫事项均应认真对待，免得由于事前考虑不周而麻烦丛生，或是"大意失荆州"。

在举办展览会前，必须依法履行常规的报批手续。此外，组织者还须主动将展览会的举办详情向当地公安部门进行通报，求得其理解、支持与配合。举办规模较大的展览会时，最好从合法的保安公司聘请一定数量的保安人员，将展览会的保安工作全权交予对方负责。为了预防天灾人祸等不测事件的发生，应向声誉良好的保险公司进行数额合理的投保，以便利用社会力量为自己分忧。

在展览会入口处或展览会的门券上，应将参观的具体注意事项正式成文列出，使观众心中有数，以减少纠葛。展览会组织单位的工作人员，均应自觉树立良好的防损、防盗、防火、防水等安全意识，为展览会的平安进行竭尽一己之力。

按照常规，有关安全保卫的事项，必要时最好由有关各方正式签订合约或协议，并且经过公证。这样一来，万一出了事情，大家就好"亲兄弟，明算账"了。

主办单位作为展览会的组织者，有义务为参展单位提供一切必要的辅助性服务项目；否则，不仅会影响自己的声誉，而且还会授人以柄。

由展览会的组织者为参展单位提供的各项辅助性服务项目，最好有言在先，并且对有关费用的支付进行详尽的说明。

具体而言，为参展单位提供的辅助性服务项目，通常主要包括下述各项：其一，展品的运输与安装；其二，车、船、机票的订购；其三，与海关、商检、防疫部门的协调；其四，跨国参展时有关证件、证明的办理；其五，电话、传真、电脑等现代化的通信联络设备；其六，举行洽谈会、发布会等商务会议或休息之时所使用的适当场所；其七，餐饮以及有关展览时使用的零配件的提供；其八，供参展单位选用的礼仪、讲解、推销人员等。

参展单位在正式参加展览会时，必须要求自己的全部派出人员齐心协力、同心同德，为大获全胜而努力奋斗。在整体形象、待人礼貌、解说技巧等三个主要方面，参展单位尤其要予以特别的重视。以下分别对其作简要的介绍。

1. 要努力维护整体形象

在参与展览时，参展单位的整体形象直接映入观众的眼里，因而对自己参展的成败影响极大。参展单位的整体形象，主要由展示之物的形象与工作人员的形象两部分构成。对于二者要给予同等的重视，不可偏废其一。

展示之物的形象，主要由展品的外观、展品的质量、展品的陈列、展位的布置、发放的资料等构成。用以进行展览的展品，外观上要力求完美无缺；质量上要优中选秀；陈列上要既整齐美观又讲究主次；布置上要兼顾主题的突出与观众的注意力。而用以在展览会上向观众直接散发的有关资料，则要印刷精美、图文并茂、资讯丰富，并且注有参展单位的主要联络方法，如公关部门与销售部门的电话、传真、网址、电子邮箱，等等。

工作人员的形象，主要是指在展览会上直接代表参展单位露面的人员的穿着打扮问题。在一般情况下，要求在展位上工作的人员应当统一着装。最佳的选择，是身穿本单位的制服，或者是穿深色的西装、套裙。在大型的展览会上，参展单位若安排专人迎送宾客时，则最好请其身穿色彩鲜艳的单色旗袍，并胸披写有参展单位或其主打展品名称的大红色绶带。为了说明各自的身份，全体工作人员皆应在左胸佩戴标明本人单位、职务、姓名的胸卡，唯有礼仪小姐可以例外。按照惯例，工作人员不应佩戴首饰，但男士应当剃须，女士则最好化淡妆。

2.要时时注意待人礼貌

在展览会上，不管是宣传型展览会还是销售型展览会，参展单位的工作人员都必须真正意识到观众是自己的"上帝"，为其热情而竭诚地服务则是自己的天职。为此，全体工作人员都要将礼貌待人放在心坎上，并且落实在行动上。

展览一旦正式开始，全体参展单位的工作人员即应各就各位，站立迎宾。不允许迟到、早退、无故脱岗、东游西逛，更不允许在观众到来之时坐卧不起，怠慢对方。

当观众走近自己的展位时，不管对方是否向自己打招呼，工作人员都要面含微笑，主动向对方说："你好！欢迎光临！"随后，还应面向对方，稍许欠身，伸出右手，掌心向上，指尖直指展台，并告知对方："请您参观。"

当观众在本单位的展位上进行参观时，工作人员可随行于其后，以备对方向自己进行咨询，也可以请其自便，不加干扰。假如观众较多，尤其是在接待组团而来的观众时，工作人员亦可在左前方引导对方进行参观。对于观众提出的问题，工作人员要认真做出回答。不允许置之不理，或以不礼貌的言行对待对方。

当观众离去时，工作人员应当真诚地向对方欠身施礼，并道以"谢谢光临"或是"再见"。

在任何情况下，工作人员均不得对观众恶语相加，或讥讽嘲弄。对于极个别不守展览会规则而乱摸乱动、乱拿展品的观众，仍须以礼相劝，必要时可请保安人员协助，但不许可对对方擅自动粗，进行打骂、扣留或者非法搜身。

3. 要善于运用解说技巧

解说技巧，此处主要是指参展单位的工作人员在向观众介绍或说明展品时，所应当掌握的基本方法和技能。具体而论，在宣传型展览会与销售型展览会上，其解说技巧既有共性可循，又有各自的不同之处。

在宣传型展览会与销售型展览会上，解说技巧的共性在于：要善于因人而异，使解说具有针对性。与此同时，要突出自己展品的特色。在实事求是的前提下，要注意对其扬长避短，强调"人无我有"之处。在必要时，还可邀请观众亲自动手操作，或由工作人员对其进行现场示范。此外，还可安排观众观看与展品相关的电视片，并向其提供说明材料与单位名片。通常，说明材料与单位名片应常备于展台之上，由观众自取。

进而言之，宣传型展览会与销售型展览会的解说技巧，又有一些不同之处。在宣传型展览会上，解说的重点应当放在推广参展单位的形象之上。要善于使解说围绕着参展单位与公众的双向沟通而进行，时时刻刻都应大力宣传本单位的成就和理念，以便使公众对参展单位给予认可。

而在销售型展览会上，解说的重点则必须放在主要展品的介绍与推销之上。按照国外的常规说法，解说时一定要注意"FABE"并重。其中，"F"指展品特征，"A"指展品优点，"B"指客户利益，"E"则指可资证据。要求工作人员在销售型展览会上向观众进行解说之时，注意"FABE"并重，就是要求其解说应当以客户利益为重，要在提供有利证据的前提之下，着重强调自己所介绍、推销的展品的主要特征与主要优点，以争取使客户觉得言之有理，乐于接受。不过，争抢、尾随观众兜售展品，弄虚作假，或是强行向观众推介展品，则不可取。

商界庆祝之答谢礼

作为一名商务人员，经常会参加一些庆祝的场合。这时往往要发言表示对有喜庆意义的人或事表示良好的祝愿和热烈的祝贺。祝贺语言对于一名商务人员而言是一种常用交际用语，一般是指通过祝贺表达你对对方的理解、支持、关心、鼓励和祝愿，以抒发情怀，增进友谊。

从语言的表达形式看，祝贺词可以分为祝词和贺词两大类。祝词是指对尚未实现的活动、事件、功业表示良好的祝愿和祝福之意；贺词是指对于已完成的事件、业绩表示庆贺的祝颂。

祝贺要注意以下几点：

1. 情景性

祝贺总是在特定的情景下进行的，因此一定要考虑到特定的环境、特定的对象、特定的目的，使之具有明确的针对性。

2. 情感性

祝贺语要达到抒发感情、增进友谊的目的，必须有较强的鼓动性与感染力，因此要求语言富有感情色彩，语气、语调、表情、姿态等都要有浓烈的感情色彩。大多数成功的祝词本身就是一篇短小精悍的抒情独白。

3. 简括性

祝贺词可以事先做些准备，但多数是针对现场实际，有感而发，讲完即止，切忌旁征博引，东拉西扯。语言要明快热情、简洁有力，才能产生强烈的感染力。

有些祝词、贺词要进行由此及彼的联想，由景生情的发挥，但必须紧扣中心，点到为止，给听众留下咀嚼回味的余地。

4. 礼节性

祝贺词在喜庆场合发表，要格外注意礼节。一般需站立发言；称呼要恰当。不要看稿子，双目要根据讲话内容时而致礼于祝贺对象，时而含笑环视其他听众。要同听者做感情的交流。还可以用鼓掌、致敬等动作加强同听众心灵的沟通，以增强表达效果。

说到答谢，就要讲究答谢的技巧，尤其是在公众场合要对别人的帮助或招待表示真诚的感谢。来而不往非礼也，有喜事客户前来祝贺，有困难客户解囊帮忙，有不幸客户深切安慰，这些都应及时致谢，才是人之常情。答谢讲话广泛应用于各类场合，对于沟通情感、巩固友谊等都能起到很好的效果。

答谢讲话的基本要求如下：

1. 态度要热情礼貌，感谢要真诚自然，做到热情、谦逊有礼；

2. 要善于从现场找话题或引用对方熟悉的事例，拉近彼此的心理距离，增强双方的认同感；

3. 即使预先准备了答谢词，也要做好在现场紧急修改补充的准备，或因情因境临场应变发挥；

4. 在评奖、庆功、表彰会上的答谢讲话，要表现出谦虚谨慎、不骄不躁的美德，要表达对自己所从事工作的执著追求与由衷地热爱；

5. 语言要庄重得体，简洁明了，篇幅要力求简短。

情景模拟：签约有序并尽量显出仪式感

场景　谈后签约

当谈判顺利进行到尾声，就要举行签约仪式。此时，双方参与谈判的人员都应出席，并且都应设置自己的助签人员。

参加人数：4人（签约甲乙双方，助签人员）

训练目的：根据谈判进程的要求，需要甲乙双方履行签约仪式，以维护双方的合法权益，并作为日后交易的法律凭证。

训练要点：熟练掌握签约仪式的各个环节，充分认识到签约的重要意义。

模拟准备：签约的场所、所需的签字笔、文本等道具。

得分要点：（满分100分）

1. 参加签约仪式的所有人员都要身着正装，服饰得体，符合场景要求（10分）

2. 签约仪式上，双方参加谈判的全体人员都要出席，共同进入会场，相互致意握手，一起入座。双方都应设有助签人员，分立在各自一方代表签约人外侧，其余人排列站立在各自一方代表身后。（20分）

3. 迎接、握手、交换名片等环节要大方得体，合乎礼仪规范（10分）

4. 始终面带微笑、眼神真挚，坐姿优雅、走姿从容，得体应用文明语言，并配以恰当而友好的手势、待人接物合乎礼仪要求（20分）

5. 现场的语言行为符合场景和人物的身份、地位，普通话流畅、标准，声音具有感染力。（10分）

6. 签约礼仪正确得当。助签人员要站立在自己一方协助签字人员打开文本用手指明签字的位置。签字时宜缓不宜急，内心再急也不要匆匆签就。（20分）

7. 签字完毕后，双方应同时起立，交换文本，并相互握手，祝贺合作成功。其他随行人员则应该以热烈的掌声表示喜悦和祝贺。（10分）